Lena Buchmann · Rebecca Meyer

Die allerschönsten Fingerspiele für das ganze Jahr

Kaufmann

Inhalt

Fingerspiele für Frühling und Ostern

Fingerspiele für den Sommer

Fingerspiele für den Herbst und seine Feste

Fingerspiele für Winter und Weihnachten

Fingerspiele für alle Tage im Jahr

Liebe Leserin, lieber Leser,

Fingerspiele sind vielleicht das am meisten unterschätzte Förderwerkzeug im jungen Kindesalter. Denn Fingerspiele können in wenigen Minuten so viel bewirken! Längst belegen Studien, wie wichtig das Spiel mit den Fingern zu gereimter oder zumindest besonderer Sprache ist. In diesem Vorwort kann nur ein kleiner Teil dessen erwähnt werden: Beispielsweise, dass Fingerspiele eindeutig das Denkvermögen und die Denkleistung verbessern, aber auch die Konzentration und generell alle kognitiven Fähigkeiten. In der Sprachförderung seit Langem Mittel der Wahl, erweitern Fingerspiele nachweislich den Wortschatz und fördern das Sprach- und Sprachrhythmusgefühl. Hier ist gerade das Zusammenspiel zwischen Feinmotorik und Sprache grundlegend, denn mit den Fingerreimen fördern Sie die Auge-Hand-Koordination, die wiederum wichtig für den späteren Schrifterwerb ist.

Unerwähnt ist noch der gesamte Bereich der Motorik: Fingerspiele wirken sich auf die Feinmotorik aus, denn sie helfen dem Kind, Handgeschicklichkeit zu entwickeln. Dabei werden die Sehnen, Muskeln und Gelenke in den Händen und Fingern gestärkt. Aber auch die Grobmotorik ist beteiligt, weil beim Erzählen mit den Fingern oft der ganze Körper dabei ist und die Bewegungen der Hände unterstützt. Indem das Kind das Erzählte mit seinem gesamten Körper miterlebt, wird das eigene Körpergefühl gestärkt.

Nicht zuletzt sind auch soziale und emotionale Kompetenzen beim Fingerspiel gefragt, denn manche von ihnen erzählen kleine Geschichten, in die sich Kinder einfühlen können. Zudem schafft das gemeinsame Erleben von Fingerspielen, etwa im Morgenkreis oder auch im Rahmen von Ritualen, Gemeinschaft, Geborgenheit und ein Zusammengehörigkeitsgefühl.

Gar nicht so weit hergeholt ist auch die Erkenntnis, dass Fingerspiele den Erwerb mathematischer Grundfähigkeiten unterstützen, weil die Feinmotorik und das Arbeiten und „Sprechen" mit Händen und Fingern bestimmte kognitive Prozesse in Gang setzen, die mit unserem räumlichen Denkvermögen in Verbindung stehen.

Ganz abgesehen von diesen zahlreichen Fördergedanken machen die kleinen Reime, Gedichte, Geschichten und Lieder mit Fingern, Zehen oder Händen einfach Laune. Sie heitern auf, sie können, wenn es darauf ankommt, auch beruhigen oder trösten. Sie können Streit schlichten, die Kinder stärken und ihre Sinneswahrnehmung fördern. Im Einzelkontakt mit einem Kind vermag ein Fingerspiel eine kleine oder große Prise Zuwendung nur für das Kind allein zu spenden. Mit einem Fingerspiel können Sie das Kind bewusst und wertschätzend wahrnehmen und es emotional unterstützen.

Für all das und noch viel mehr sind die Fingerspiele in diesem Buch gedacht. Neben jedem Fingerspiel finden Sie einen Button mit dem jeweiligen Hauptförder- oder Lernbereich. Manche der Fingerspiele sind ganz neu ausgedacht für Sie und die Kinder, andere sind altbekannt und als Kulturgut mindestens genauso wertvoll. Besonders wichtig beim Fingerspiel ist die Wiederholung – je öfter, desto besser, bis das Kind seine Neugier und sein Interesse auf ein neues oder anderes Spiel richtet. Suchen Sie sich aus dieser Schatzkiste an Fingerspielen Ihre Lieblinge aus und wiederholen Sie sie! Allein mit einem Kind, im Morgenkreis, zwischendurch, in der Sprachförderung, um Übergänge und Mikroübergänge anzukündigen – oder eben einfach, weil sie so viel Spaß machen!

Herzlichst
Lena Buchmann

1

Fingerspiele für Frühling und Ostern

Der **Frühling** ist die schönste Zeit im Jahr – gemeinsam mit Weihnachten, Fasching, Sommer und Herbst! Im Frühling können Sie mit den Kindern die Erfahrungen, die sie in der Natur machen, im Fingerspiel verarbeiten: das wärmer werdende oder noch wechselhafte Wetter und das Erwachen der Natur, die Farbenvielfalt in den Gärten und auf den Wiesen, die kleinen Tiere, die sich jetzt wieder zeigen … Eine wichtige Erfahrung für die Kinder ist auch das Wachsen und Gedeihen von Pflanzen, etwa wie aus einer kleinen Blumenzwiebel eine Blume wird. Und dann gehört zum Frühling natürlich auch **Ostern** mit all der Vorfreude, dem Osternestbau und der Ostereiersuche. Für alle diese Frühlingsereignisse finden Sie auf den folgenden Seiten einige bekannte und viele brandneue Finger- und Handgestenspiele, Fußkitzel- und Streichelspiele.

Hallo, hallo, ihr Frühlingskerlchen!

DEN FRÜHLING IM MORGENKREIS BEGRÜSSEN

ab 2 Jahren

Förderschwerpunkt Soziale Kompetenzen

Mit diesem Fingerspiel können sich die Kinder am Morgen gemeinsam begrüßen. Außerdem können sie sich damit in der neuen Jahreszeit verorten und in den Reimen und Bewegungen nacherleben, was sich in der Natur gerade tut.

Hallo, hallo, ihr Frühlingskerlchen,
endlich ist der Winter weg!

sich gegenseitig zuwinken und sich dabei anschauen

Blumen blühen und Bienen summen,
Schnecken kommen aus ihrem Versteck.

mit der Hand als Biene durch die Luft fliegen, dann mit den Fingern auf dem Oberschenkel die Schnecke nachmachen

Guten Morgen, ihr Kerlchen,
guten Morgen, hallo,

sich gegenseitig zuwinken und sich dabei anschauen

der Winter ist weg,
wir freuen uns so!
Juhuuu!

in die Hände klatschen und die Arme in die Luft werfen und jubeln

TIPP Im Anschluss an das Fingerspiel können die Kinder erzählen, woran sie heute schon gemerkt haben, dass es kein Winter mehr ist, sondern schon Frühling – und wie ihnen das gefällt.

Der gelbe Krokus Willibald

DEN ERSTEN KROKUS ENTDECKEN

ab 2 Jahren

Förderschwerpunkt Natur & Naturwissenschaft

Der erste Krokus ist immer ein toller Fund. Welche Farbe hat er? Sie können Ihre Krokusfarbe in diesem Fingerspiel einfach einfügen – in diesem Beispiel blüht der Krokus gelb.

Noch ist es draußen eisig und kalt,
noch nichts zu sehen vom Willibald.

einen Finger in die Faust der anderen Hand stecken

Doch schau, da kommt ein kleines Spitzchen,
schiebt sich durch Schnee mit einem Mützchen.

den Finger voranschieben und oben aus der Faust herausgucken lassen

Dann wächst ein Stängel mit Blättern daran,
ganz oben hängt eine Knospe dran.

Finger weit herausschieben, dazu die Hand eventuell wegnehmen

Jetzt geht die Knospe auf, schau nur her!
Gelb blüht der Willi, wir freu'n uns so sehr!

die Finger einer Hand ausstrecken und damit wackeln

VARIATION

Statt nur mit Fingern können die Kinder das Spiel auch mit den Händen oder als Bewegungsgedicht nachspielen: Als Handspiel den Unterarm mit geschlossener Faust unter eine Tischplatte halten, dann immer höher schieben, zum Schluss als Blüte die Faust öffnen. Als Mitmachgedicht gehen die Kinder in die Hocke, werden dann mit über dem Kopf gefalteten Armen immer größer, zum Schluss die Arme ganz weit ausbreiten.

Die Sonne und die dicke Wolke

DAS WETTER KENNENLERNEN

ab 2 Jahren

Förderschwerpunkt Sprache & Literacy

Manchmal kommt in Mitteleuropa an einem einzigen Frühlingstag fast jedes Wetter vor: Es ist sonnig, es schneit, es ist kalt, dann etwas wärmer, es ist bedeckt, dann wieder sonnig. Falls bei Ihnen auch gerade Sonne und Wolken im Streit liegen, können Sie das himmlische Geschehen mit diesem Fingerspiel nachspielen.

Die Sonne kommt hinterm Berg hervor,
fängt an zu strahlen,
fängt an zu scheinen,
leuchtet den Großen und auch den Kleinen.

eine Hand hervorholen, hochhalten als Sonne, sodass die Finger nach unten zeigen, mit den Fingern wackeln

Eine dicke Wolke kommt am Himmel entlang,
schleicht schnell herbei,
schleicht schnell heran,
drängt sich ganz nah an die Sonne sodann.

die andere Hand als Faust an die Sonne, dann vor die Sonne halten

Die beiden, die streiten, wie's Wetter wohl wird.
Ringen und raufen,
streiten und schreien,
da fängt es auf einmal noch an zu schneien.

mit den beiden Händen einen Streit nachstellen, die Faust als Wolke schiebt die Sonne weg, dann wieder die Sonne die Faust

Die Sonne strengt sich jetzt mächtig an,
scheint immer wärmer,
scheint immer heller,
die Wolke wird kleiner, schneller und schneller.

mit den Fingern der Sonnenhand wackeln, die Faust hinter den Rücken nehmen

Doch jetzt ist schon Schluss mit all dem Streit,
es wird dunkel
und es wird Nacht.
So wird dem Streit ein Ende gemacht.

die Sonnenhand ebenfalls wegnehmen

FINGERSPIELE IN DER SPRACHFÖRDERUNG

Fingerspiele trainieren Sprache, das Sprechen und das Hörverstehen auf vielfältige Weise. Die gereimte und darum rhythmische Sprache macht nicht nur neugierig, sondern hilft auch beim Erkennen von Sprach- und Sprechrhythmen. So lernen Kinder beispielsweise herauszuhören, wann Sätze enden und beginnen oder wo sinnhafte Pausen in Sätzen stehen können. Da viele Fingerspiele zudem eine Handlung haben und Mini-Geschichten erzählen, sind die kleinen Gedichte auch gute Übungen für das spätere Textverstehen. Sprache mit Bewegungen der Finger zu begleiten, bedeutet im Fingerspiel nicht nur einfach spielerische Freude. Das Erzählen mit den Fingern dient auch dazu, die Kinder zu erinnern, wo in der Handlung oder wo im Text sie sich gerade befinden. Auf diese Weise lernen Kinder schon früh, sich Textzusammenhänge zu merken und herzustellen und sich zu erinnern, wie es im Text oder in der Handlung des Gedichts weitergeht. Durch die taktilen Erfahrungen werden mehr Bereiche im Gehirn aktiviert als beim passiven Zuhören. Fingerspiele machen Sprache begreifbar, im wahrsten Sinne des Wortes.

Tripptripp und tripptrapp

EIN BEKANNTES FINGERSPIEL FÜR REGENTAGE

ab 2 Jahren

Förderschwerpunkt Rhythmus & Musik

Dieses Fingerspiel findet auf dem Boden sitzend statt. Der Boden dient hier nämlich als Klanginstrument. Es ist angelehnt an das bekannte Fingerspiel „Regen tripp und Regen trapp“ und wurde nur leicht abgewandelt.

Regen tripp und Regen trapp
mit den Fingerspitzen auf den Boden trippeln

schüttele ich von den Händen ab.
beide Hände schütteln

Erst die rechte, dann die linke,
rechte Hand schütteln, linke Hand schütteln

beide machen Winkewinke!
mit beiden Händen winken

Dann regnet es stärker, jetzt hagelt es gar!
zuerst mit den Fingerspitzen, dann beim Hagel mit den Knöcheln auf den Boden trommeln

Das prasselt und rieselt so wunderbar.
mit den Fäusten auf den Boden trommeln

Dann tröpfelt es nur noch, tripptripp, tripptrapp
wieder mit den Fingerspitzen auf den Boden trommeln

und bald kommt kein Tröpfchen mehr zu uns herab.
Stille

Kommt ein Regen

MIT KRIPPENKINDERN ÜBER REGEN SPRECHEN

ab 1 Jahr

Förderschwerpunkt Körper, Sinne & Bewegung

Jüngere Kinder mögen oft sehr kurze Fingerspiele, denn ihre Aufmerksamkeitsspanne ist entwicklungsbedingt noch kürzer. In diesem Fingerspiel setzen die Kinder gereimte Sprache in ganz einfache Bewegungen um und erfahren den Sprachrhythmus auf diese Weise mit dem eigenen Körper.

Kommt ein Regen
und bringt Segen
für die Pflanzen weit und breit.

mit den Fingern wackeln, die Hände dabei von oben nach unten führen, um den Regen darzustellen

Kommt die Sonne,
spendet Wonne,
voller Licht und Heiterkeit.

eine Hand hochhalten, die Finger strecken, um die Sonnenstrahlen darzustellen

Kommt ein Windchen,
liebes Kindchen,
pustet alles wieder weg.

ganz fest pusten und die Hände hinter dem Rücken verstecken

Alle meine Fingerlein

BAUERNHOFTIERE GANZ KLASSISCH BEGRÜSSEN

ab 3 Jahren

Förderschwerpunkt Natur & Naturwissenschaft

Dieses klassische Fingerspiel kennen Sie bestimmt schon. Wenn nicht: schnell nachmachen!

Alle meine Fingerlein
sollen jetzt mal Tiere sein.
eine Hand hochhalten und mit allen Fingern wackeln

Dieser Daumen dick und rund
ist der schwarze Schäferhund.
den Daumen abspreizen und hochhalten

Mein Zeigefinger ist ein Pferd,
das die Kinder reiten lehrt.
den Zeigefinger abspreizen und hochhalten

Der Mittelfinger ist die Kuh,
die gibt Milch ohne Rast und Ruh.
den Mittelfinger abspreizen und hochhalten

Mein Ringfinger ist das nette Schwein
mit vielen Ferkeln klitzeklein.
den Ringfinger abspreizen und hochhalten

Kleiner Finger ritze-ratz
ist die weiße Miezekatz.
den kleinen Finger abspreizen und hochhalten

Nachts sind alle fünf im Stall,
hör nur, wie sie schnarchen all.
alle Finger hochhalten und Schnarchgeräusche machen

TIPP Dieses Fingerspiel macht auch Spaß, wenn Sie für die fünf genannten Tiere Fingerpuppen haben und sie dazu aufsetzen.

Das ist der kleine Nick

TRAINING FÜR GANZ KLEINE DAUMEN

ab 6 Monaten

Förderschwerpunkt Frühkindliche Feinmotorik

Bei diesem Fingerspiel gibt es nur eine Bewegung, das Abspreizen des Daumens. Damit ist das Fingerspiel einerseits leicht für die Kleinsten mitzuspielen, andererseits ist gerade das Abspreizenkönnen des Daumens eine wichtige Übung und Fertigkeit beim Antrainieren einer immer ausgereifteren Feinmotorik für Kinder ab etwa 6 Monaten. Mit diesen sehr jungen Kindern können Sie das Spiel zunächst in der Einzelsituation durchführen und Sie selbst machen den Daumen Nick vor.

Kennt ihr den Daumen, kurz und dick?
Das ist doch klar, das ist der Nick.

den Daumen zeigen, die restlichen Finger sind zur Faust geballt

Noch schläft er still, ist eingeknickt,
der kleine Daumen namens Nick.

den Daumen außen auf die Faust auflegen

Doch guck, jetzt wacht er auf und lacht:
„Wer hat mich wohl wach gemacht?"

den Daumen abspreizen

Kuschelt sich gleich wieder ein,
in sein dunkles Häuschen rein.

Daumen in der Faust verstecken und Schnarchgeräusche machen

TIPP In der Einzelsituation will das Kind nun den Daumen bestimmt wieder aus Ihrer Faust ziehen oder nachgucken, wo sich der Daumen in der Faust versteckt. So können Sie das Spiel gleich noch einmal durchführen.

Tief in der Erde ...

EIN ALTBEKANNTES SCHNEEGLÖCKCHEN-SPIELGEDICHT

ab 2 Jahren

Förderschwerpunkt Fantasie & Neugierde

Das brauchen Sie ein braunes oder weißes Tuch, ein echtes Schneeglöckchen oder eines aus Pappe, beispielsweise selbst gemacht

Schneeglöckchen haben schon unsere Großeltern im Schnee entdeckt. Ähnlich alt ist wohl dieses Fingerspiel. Die Freude über das Entdecken der ersten Schneeglöckchen ist aber in all den Jahren die gleiche geblieben. In diesem Fingerspiel erhöhen Sie die Spannung für die Kinder, weil sie die kleine Blume nicht sofort zu sehen bekommen.

Spielen Sie den Kindern das Gedicht einmal vor, indem Sie die Reime mit den passenden Handlungen begleiten. Möchten es die Kinder nachspielen?

Tief in der Erde von Schnee bedeckt,
hat sich das Schneeglöckchen gut versteckt.

das Schneeglöckchen mit dem Tuch zudecken, sodass es nicht zu sehen ist

Still liegt es drin, macht die Augen zu.
Schlummert schon lange in süßer Ruh.

Schnarchgeräusche machen

Dann scheint die Sonne, es regnet sacht,
da hat das Schneeglöckchen bei sich gedacht:

mit den Fingern die Sonne auf das Tuch scheinen lassen, dann den Regen nachstellen

„Dort auf der Erde im Sonnenschein
möchte ich wieder ein Blümelein sein."

das Tuch anheben

Schneeglöckchen reckt sich – guckt aus dem Beet,
seht, wie fest es auf den Beinen steht.

das Tuch wegnehmen, das Schneeglöckchen in die Hand nehmen

Hört ihr es läuten? Das klingt aber fein,
Schneeglöckchen läutet den Frühling ein.
mit dem Schneeglöckchen vorsichtig läuten

TIPP Echte Schneeglöckchen sind giftig und sollten auf keinen Fall gegessen werden! Statt als Spielgedicht mit Tuch und Blume können die Kinder die Geschichte vom Schneeglöckchen auch mit den Fingern erzählen. Wie das geht? Lassen Sie die Kinder selbst Ideen entwickeln und sich zum Text ihr eigenes Fingerspiel ausdenken!

Ab nach draußen!

EIN MINI-RITUAL FÜRS NACH-DRAUSSEN-GEHEN

ab 2 Jahren

Förderschwerpunkt Kognitive Kompetenzen

Auch die Wichtel müssen sich erst umziehen, wenn sie nach draußen wollen. Das beweist dieses Fingerspiel, bei dem die Wichtel sich richtig freuen, dass sie nach draußen zum Spielen gehen. Gerade für die jüngeren Kinder in der Kita ist es sinnvoll, den Wechsel vom Gruppenraum nach draußen als Mikrotransition genau zu besprechen – beispielsweise mit diesem Fingerspiel.

Wollt ihr an die frische Luft,
zu Sonnenschein und Blütenduft?
die Hand mit den fünf Fingern hochhalten

Die fünf kleinen Wichtel tanzen umher,
sie freuen sich nämlich aufs Rausgehn so sehr.
mit den Fingern wackeln

Der Reihe nach ziehen sie Matschhosen an,
dann sind Schuhe und Jacken dran.
Hand zur Faust ballen, der Reihe nach alle Finger aufklappen

Dann springen sie auf und ab mit Schwung,
so bleiben die Finger beweglich und jung.
Hand auf- und wieder zuklappen

Unterm Baum im grünen Gras

EIN BEKANNTES FINGERSPIEL FÜR DIE OSTERZEIT

ab 1 Jahr

Förderschwerpunkt Fantasie & Neugierde

Dieses Fingerspiel eignet sich für eine Einzelsituation. Um das Kind zu überraschen, können Sie vor dem Spiel ein kleines Osterei in der Hand verstecken, die Sie hinter Ihren Rücken halten.

Unterm Baum im grünen Gras
sitzt ein kleiner Osterhas.

Finger der einen Hand zur Faust schließen, dann mit zwei Fingern der anderen Hand die Ohren des Hasen nachmachen

Putzt den Bart und spitzt das Ohr,
macht ein Männchen, guckt hervor.

die Hand hinter den Rücken halten und hervorgucken lassen

Springt dann fort mit einem Satz –
und ein kleiner, frecher Spatz …

die Hand wieder hinter dem Rücken verstecken

… schaut jetzt nach, was denn dort sei.
Und was ist's? Ein Osterei!

das Osterei hervorholen und dem Kind in der geschlossenen Hand zeigen, dann erst die Hand öffnen

Kennt ihr die Farben?

FARBENRÄTSEL MIT DEN FINGERN BEGLEITEN

ab 2 Jahren

Förderschwerpunkt Sprache & Literacy

Das brauchen Sie rote, blaue, gelbe und grüne Finger- oder Bastelfarbe

Im Frühling blüht es überall in den schönsten Farben. Kennen die Kinder sie schon? Bemalen Sie sich die Fingerspitzen von Zeige-, Mittel-, Ring- und kleinem Finger je mit einer der vier Farben. Dann kann es schon losgehen. Spielend leicht lernen die Kinder hier das Benennen und Auseinanderhalten der vier wichtigsten Farben.

Kennt ihr die Farben von Rot bis Blau?
Hier lernt ihr sie noch mal ganz genau:
die Hand mit allen angemalten Fingerspitzen hochhalten

Rot wie das Blut und rot wie ein Schild,
das ist eine Farbe so spannend und wild!
den Finger mit der rot angemalten Fingerspitze hochhalten

Blau wie der Himmel und blau wie das Meer,
diese Farbe mögt ihr wohl sehr?
den Finger mit der blau angemalten Fingerspitze hochhalten

Gelb wie die Sonne, wie Blumen und Stroh,
Gelb macht auch traurige Leute froh.
den Finger mit der gelb angemalten Fingerspitze hochhalten

Grün wie Blätter und frisches Gras,
Grün wirkt immer so frisch und so nass!
den Finger mit der grün angemalten Fingerspitze hochhalten

Deine Lieblingsfarbe ist welche von allen?
Welche hat dir am besten gefallen?
das Kind nennt seine Lieblingsfarbe und zeigt auf den Finger mit der richtigen Farbe

TIPP Die Kinder können sich ihre Fingerspitzen ebenfalls anmalen und die Finger passend zur im Text genannten Farbe hochhalten.

Fünf kleine Hasen

NOCH MEHR FARBENSPIELE

ab 2 Jahren

Förderschwerpunkt Sprache & Literacy

Das brauchen Sie Fingerfarben in den Farben Gelb, Grün, Blau und Rot

Farbennamen lernen mit Spaß: Das ist in diesem Fingerspiel möglich, in dem die Finger bunte Hasen sind.

Bemalen Sie sich für dieses Spiel die Finger wie folgt: den Daumen blau, den Zeigefinger rot, den Mittelfinger grün und den Ringfinger gelb. Dann können Sie den Kindern das Spiel schon vormachen. Am Ende des Spiels können die Kinder entscheiden, welche Farbe der kleine Finger bekommen soll.

Der erste Hase, ganz dick und fett,
kommt gähnend und blau aus seinem Bett.

den blauen Daumen zeigen

Der zweite Hase, schon munter und fit,
ist heute rot und kommt gerne mit.

den roten Zeigefinger hochhalten

Der dritte Hase trägt Grün, wie schick!
Das macht nämlich schlank und wirkt nicht dick.

den Mittelfinger in Grün hochhalten

Der vierte Hase hat Gelb aufgelegt
und ist schon ganz schön aufgeregt.
den Ringfinger in Gelb hochhalten

Der fünfte und kleinste kommt endlich dazu:
Ganz ohne Farbe, wie kommt das, nanu?
den nicht bemalten kleinen Finger hochhalten

Da treffen der zweite und vierte sich schnell,
mischen die Farben: Wie wird nun ihr Fell?
Zeige- und Ringfinger vermischen ihr Gelb und Rot zu Orange

Oder doch lieber Rot und Blau vermischt?
Welche Farbe wird hier nur aufgetischt?
Zeigefinger und Daumen vermischen Rot und Blau zu Violett

TIPP Im Anschluss dürfen die Kinder eine Farbe für den kleinen Finger auswählen: Violett (wenn sich Zeigefinger und Daumen treffen) oder doch lieber Orange von Mittel- und Ringfinger? Oder soll es eine ganz andere Farbe sein?

Über Nacht ...

EIN BEKANNTES FINGERSPIEL ZUM OSTEREIERZÄHLEN

ab 4 Jahren

Förderschwerpunkt Mathematische Grunderfahrungen

Äh, wie war das? Bei diesem Fingerspiel müssen die Kinder nicht nur ganz genau aufpassen, sondern idealerweise auch mitzählen. Denn dann wissen sie am Ende, ob überhaupt noch Ostereier übrig sind.

Der Osterhas hat über Nacht
zwölf Eier in unseren Garten gebracht.
mit einer Hand als Osterhase angehüpft kommen

Eins legt er unter die Gartenbank,
eine Eins mit dem ausgestreckten Daumen zeigen

drei in das grüne Efeugerank,
eine Drei mit drei Fingern zeigen

vier in das Hyazinthenbeet,
eine Vier zeigen

drei, wo die weiße Narzisse steht,
eine Drei zeigen

eins legt er auf den Apfelbaumast,
Eins zeigen

da hat die Katze mit angefasst.

TIPP Wissen die Kinder, ob und wie viele Eier nun noch übrig sind? Zählen Sie noch einmal gemeinsam durch oder nehmen Sie sich echte Ostereier dazu, um gemeinsam immer die im Text erwähnten Eier wegzunehmen. Den Rest können Sie dann gemeinsam durchzählen … und wissen Bescheid!

Fünf kleine Küken

EIN MITMACHFINGERSPIEL FÜR DIE KLEINSTEN

ab 1 Jahr

Förderschwerpunkt Emotionale Kompetenzen

Dieses Fingerspiel ist sehr einfach gehalten, damit schon die „Küken" in der Kita mithalten können. Toll, wenn Sie die Chance haben, mit den Kindern echte Küken anzugucken (etwa an einem Ententeich) oder wenn die Kinder in Büchern Bilder von Hühnern, Enten und Gänsen anschauen können. Am Ende des Fingerspiels können Sie mit dem Kind kuscheln, wenn es das wünscht.

Ein Küken schlüpft aus seinem Ei,
den Daumen hochhalten
ein zweites schlüpft und kommt herbei.
den Zeigefinger dazu hochhalten
Das dritte gähnt und reckt sich noch,

den Mittelfinger hochhalten
das vierte bohrt sich grad ein Loch.
den Ringfinger hochhalten
Das fünfte ist besonders klein,
den kleinen Finger hochhalten
Gottseidank ist's nicht allein!
alle Finger hochhalten und damit wackeln
Die Küken haben die Mama lieb.
Weißt du, wie sie rufen? Sie machen: … (Piep, piep!)
mit dem Kind das Piepsen der Küken nachmachen

Bunny, bunny!

EIN ENGLISCHES OSTERFINGERSPIEL

ab 4 Jahren

Förderschwerpunkt Sprache & Literacy

Auch in Großbritannien und in den USA spielen die Kinder Fingerspiele. Dieses Spiel über den Osterhasen ist besonders beliebt. Höchste Zeit, dass auch Ihre Kinder es kennenlernen.

Bunny, bunny, bunny, you're so funny!
mit den Zeigefingern im eigenen Gesicht einen lachenden Mund zeigen

With your twitching nose.
auf die eigene Nase zeigen

Bunny, bunny, bunny, you're so funny.
(wie oben)

From your head to your toes.
auf die Fingerspitzen zeigen

Bunny, bunny, bunny, your ears are funny.
beide Hände als Hasenohren an den Kopf halten

They're too big for you.

auf den eigenen Kopf zeigen

Bunny, bunny, bunny, you're so funny.

wie oben: mit den Fingern einen lachenden Mund zeigen

Everyone loves you.

die Kinder umarmen sich gegenseitig

Eine kleine Biene

EIN LUSTIGES FINGERSPIEL FÜR KRIPPENKINDER

ab 1 Jahr

Förderschwerpunkt Emotionale Kompetenzen

Bei diesem Fingerspiel wird es lustig. Spielen Sie es am besten auf dem Boden sitzend und halten Sie jüngere Kinder, die noch nicht ganz sicher im Sitzen sind, auf dem Schoß. Nutzen Sie das Spiel auch, um mit Kindern, die dieses Bedürfnis zum Ausdruck bringen, zu kuscheln.

Eine kleine Biene,
eine kleine Biene,
summt um die Katze rum.

mit der Hand als Biene durch die Luft zischen

Liebe kleine Biene,
liebe kleine Biene,
das ist ziemlich dumm!

mit dem Zeigefinger „nein, nein!" zeigen

Die Katze will die Biene fangen,
kann nur nicht so hoch gelangen.

die Hand hochstrecken, als ob man eine Biene fangen wollte

Da fällt die Katze um,
das macht ganz laut: Krawumm!

die Kinder lassen sich aus dem Sitzen nach hinten oder zur Seite umkippen oder lehnen sich gegen Sie

Schaut ein Knöspchen ...

DEN FRÜHLING IM ALTBEKANNTEN FINGERSPIEL BEGRÜSSEN

ab 2 Jahren

Förderschwerpunkt Fantasie & Neugierde

Das brauchen Sie Tuch oder dünne Stoffserviette in einer bunten Farbe

Ein bisschen Magie darf schon einmal sein? Bei diesem Fingerspiel „wächst" eine Blume aus Ihrer Hand. Das möchten die Kinder bestimmt bald nachmachen.

Knüllen Sie die Stoffserviette oder das Tuch so in Ihre Faust, dass man es von außen nicht mehr erkennen kann. Dann kann es schon losgehen.

Schaut ein Knöspchen aus der Erde,
ob es nicht bald Frühling werde.

die Faust hinhalten und einen winzigen Zipfel Stoff herausziehen

Wächst und wächst ein ganzes Stück.

Zipfel weiter herausziehen

Sonne warm vom Himmel scheint,

mit der anderen Hand die Sonne andeuten, die Finger sind die Sonnenstrahlen

Regen überm Knöspchen weint,

nun den Regen andeuten, etwa indem die Finger über der Faust mit dem Tuch wackeln

Knöspchen wird bald grün und dick.
Seine Blätter öffnet's dann,

noch mehr Tuch herausziehen

fröhlich fängt's zu blühen an.
Frühling wird es, welch ein Glück!

das Tuch herausziehen und mit der Faust festhalten

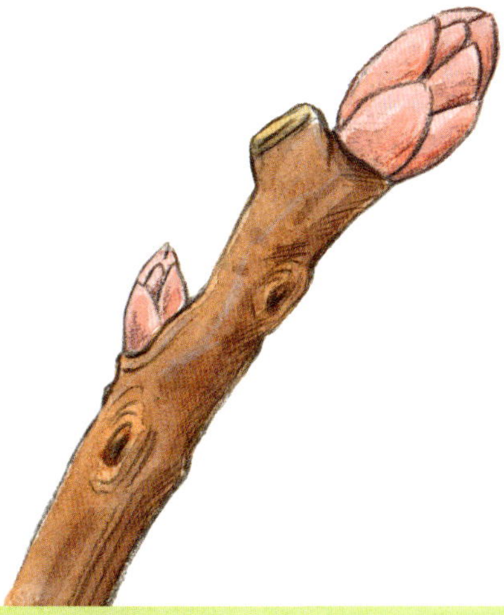

TIPP Wenn Ihr Tuch zu groß ist, nehmen Sie es in beide Hände. Die Kinder dürfen dann den Zipfel immer weiter herausziehen.

Weil ich dich so mag!

DEN ELTERN EINE FREUDE MACHEN

ab 3 Jahren

Förderschwerpunkt Emotionale Kompetenzen

Mamas (und auch Papas, die Sie ebenfalls in das Gedicht einbauen können) freuen sich garantiert über diesen Spruch, den die Kinder mit Bewegungen vorführen können. Das Bewegungsspiel kann auch sehr gut ein kleines Geschenk begleiten, das Mama und/oder Papa an diesem Tag bekommen.

Heut ist endlich Muttertag,
ich freu mich, weil ich dich so mag!

mit den Fingern ein Herz formen

Ich mal dir große Herzen auf,
beschwöre Sonne und Licht herauf.

Herzen in die Luft malen, die Sonne in die Luft malen

Ich mal Blumen und Blüten in die Luft,
mit schönen Farben und feinem Duft.

Blumen in die Luft malen

Ich mal dir Sterne, die Glück bringen sollen,
von allen Tagen nur die tollen!

die Hände hochhalten und schnell öffnen und schließen, um das Funkeln der Sterne nachzustellen

Heut ist endlich Muttertag,
ich sag dir, dass ich dich so mag!

wieder ein Herz mit den Fingern formen

TIPP Menschen, die mit Fingern, Armen oder Händen ein Herz formen, sehen Sie bestimmt ziemlich häufig im Internet oder im Fernsehen. Auch wenn eine medienkritische Haltung berechtigt und wichtig ist, werden die Kinder diese „Herzen" möglicherweise selbst schon gesehen haben – und gern nachstellen.

Drei Schmetterlinge

EIN BEKANNTES FLATTERHÄNDESPIEL ZUM RUHIGWERDEN

ab 2 Jahren

Förderschwerpunkt Körper, Sinne & Bewegung

Zu mehr Ruhe und Erholung können die Kinder mit diesem Schmetterlingsreim finden. Dabei haben sie viele Möglichkeiten: Die Kinder können das Gedicht im Laufen mit großen Flatterbewegungen nachmachen und dann immer langsamer laufen, bis sie zum Schluss in die Hocke gehen und ausruhen. Oder sie spielen es im Sitzen nach, wobei dann nur die Hände und Arme flattern.

Drei Schmetterlinge fliegen durch die Luft,
über Wiesen und durch Blumenduft.

langsame, große Flatterbewegungen mit den Händen/Armen machen

Ein Blümlein hier, ein Blümlein dort,
sie flattern immer weiter fort.

wie oben, aber langsamer flattern

Sie trinken süßen Blütensaft,
das gibt den bunten Flügeln Kraft.

das Trinken pantomimisch nachmachen

Und erst wenn sich die Sonne neigt
und eine kleine Grille geigt,

Flatterbewegungen werden noch langsamer

setzt sich der Schmetterling zur Ruh,
dann macht er seine Flügel zu.

sich in die Hocke kauern oder im Sitzen klein machen, die Arme zusammenlegen

Die Blumen machen die Blüten zu

SICH IM FRÜHLING VERABSCHIEDEN

ab 3 Jahren

Förderschwerpunkt Emotionale Kompetenzen

Vor dem Nachhausegehen können Sie alle gemeinsam noch ein letztes Fingerspiel zum Abschied durchführen. Eine gemeinsame Verabschiedung hilft den Kindern, den Wechsel von der Kita ins Zuhause zu verstehen. Gleichzeitig können Sie sich mit diesem Gedicht Ihr eigenes kleines Bis-bald-Ritual im Frühling erschaffen.

Stehen Sie zu Beginn des Verabschiedungsrituals in einem lockeren Kreis.

Die Blumen machen die Blüten zu,
Bienen und Hummeln kommen zur Ruh.
die Kinder setzen sich hin / auf den Boden

Auch wenn die Sonne am Himmel noch lacht,
die Kita/Gruppe wird jetzt zugemacht.
die Arme ganz hoch recken, dann auf dem Boden ablegen

Bald schon kommen wir wieder her,
bis morgen/nächste Woche/übermorgen dann: Wir freuen uns sehr!
im Kreis reichen sich alle kurz die Hände

FINGERSPIELE IM FRÜHLING

Vogelgezwitscher, ausschlüpfende Vogelkinder, Raupen und Schmetterlinge: Der Frühling bietet eine Vielzahl von weiteren Ideen, aus denen Sie mit den Kindern selbst Fingerspiele entwickeln können. Stellen Sie einfach in kurzen Worten eine kleine Begebenheit nach. Fingerspiele können, müssen sich aber nicht unbedingt reimen. Sie können auch nur einen oder zwei Reime einbauen und sich ganz schnell ein eigenes Fingerspiel ausdenken.

Fingerspiele für den Sommer

2

Endlich ist es richtig warm und die Draußenspielsaison beginnt. Nicht viel Platz und Zeit für Fingerspiele? Die Fingerspiele auf den folgenden Seiten passen auch in Ihren **Sommer**, denn mit ihnen können sich die Kinder abkühlen, anpusten, bespritzen und sich gegenseitig zum Lachen bringen. Oder Sie nutzen sie für kleine Rituale und Übergänge im Tagesablauf. An ganz heißen Tagen macht auch ein kleines Fingertheater alle wieder munter und lustig. Auf geht's in die Zeit der Sonnenblumen, faulen Katzen, Wasserdrachen und Gewitter!

Mit Pfoten, Händen und Tatzen

SICH FREUNDLICH BEGRÜSSEN

ab 3 Jahren

Förderschwerpunkt Soziale Kompetenzen

Das Begrüßen am Morgen drückt gegenseitige Wertschätzung aus und sorgt für ein freundliches Gruppenklima. Darum sollten Sie und die Kinder es nie vergessen. Dabei hilft dieses tierische Fingerspiel.

Bonjour, guten Tag, Hello und Salüt!
Wir begrüßen uns langsam, es ist ja noch früh.

die Kinder geben sich die Hand

Wie Faultiere heben wir's Pfötchen: „Grüß Gott!"
Niemals zu schnell, niemals zu flott.

ganz langsam sprechen, die Kinder winken sich ganz langsam zu

Schneller machen es Tiger und Katzen,
die heben ruckzuck ihre Pfoten und Tatzen.

sich schneller zuwinken

Ganz laut, mit Gebrüll rufen Riesen „Huhuu!",
kratzen dabei ihre Zehen am Fuß.

ganz laut rufen und dabei am Fuß kratzen

Ganz leise und hell piepsen Hamster und Maus,
trauen sich kaum aus dem Nestchen heraus.

ganz hell und leise piepsend sprechen und dabei winken

Ganz freundlich und lustig sagen wir uns „Hallo!",
denn dann sind wir alle zufrieden und … (froh)!

sich wieder die Hände reichen, die Kinder ergänzen rufend das letzte Wort

Mein Ventilator

EIN FINGERSPIEL ZUM ABKÜHLEN UND ZÄHLEN

ab 3 Jahren

Förderschwerpunkt Mathematische Grunderfahrungen

Das brauchen Sie feste Blätter aus Tonpapier oder Bogen oder Stücke aus Pappe / Karton

Wenn es richtig heiß ist, tut ein Ventilator gut. Und wenn keiner da ist? Dann müssen sich die Kinder selbst Wind machen. Dieses Fingerspiel hilft dabei. Nebenbei können die Kinder noch die Zahlen von zwei bis fünf lernen.

Zwei Kinder spielen die Ventilatoren, die anderen machen das Fingerspiel. Je höher die Kinder im Spiel ihre Ventilatoren einstellen, desto heftiger wedeln sie ihren Kameraden Luft zu. Anschließend können die Kinder die Rollen wechseln.

Mein Ventilator läuft auf zwei,
das reicht mir nicht, oh weh, oh wei!

die Zwei / zwei Finger hochhalten

Ich stell ihn hoch auf Stufe drei,
da kommt schon viel mehr Luft herbei.

drei Finger hochhalten

Noch höher könnt es auch gern sein,
da stell ich Stufe vier jetzt ein.

vier Finger hochhalten

Und richtig pusten mit der Fünf,
das zieht mir aus das Hemd, die Strümpf.
Huiiiii!

*alle fünf Finger hochhalten, den Wind genießen
und nach Wunsch „Huiii!" rufen*

Groooß ist die Sonne!

EIN HIMMELSGUCKER-FINGERSPIEL FÜR DIE KLEINSTEN

ab 1 Jahr

Förderschwerpunkt Fantasie & Neugierde

Das macht vor allem den kleineren Kindern Riesenspaß: sich selbst verstecken und wieder auftauchen. In diesem Fingerspiel schlüpfen die Kleinen in die Rolle der Sonne, die sich hinter einer dicken Wolke versteckt und wieder hervorkommt.

Groooß ist die Sonne, hell und warm ihr Schein.
Niemand könnt' ohne Sonne sein.

mit den Händen eine große, runde Sonne in die Luft malen

Eine dicke Wolke hat sie zugedeckt.
Doch schon ruft sie: „Da bin ich, hab mich nur versteckt!“

die Hände vor das Gesicht halten, dann die Hände wieder herunternehmen

VARIATION

Dieses Spiel können Sie auch im Spielkreis durchführen. Dann ist immer ein Kind die Sonne, das für kurze Zeit unter eine Decke oder ein Tuch schlüpft.

FINGERSPIELE IM SOMMER

Fingerspiele im Sommer können Sie auch mit einigen Experimenten verbinden: Wer seine Hände lange im Wasser lässt, der kann beispielsweise bemerken, dass sich Runzeln an den Fingerkuppen bilden. Warum? Weil das Wasser die Haut aufquellen lässt. Die Haut an unseren Fingerkuppen ist besonders stark und dicht mit Sinneszellen (Tastsinneszellen) ausgestattet, sehr empfindlich und gut durchblutet. An anderen Stellen unserer Hand wie der Handfläche bilden sich diese Runzeln nicht. Eine Wanne mit Wasser im Garten kann somit schon zur Experimentierstation für viele weitere tolle Handexperimente werden. Hier können Sie auch mit den Kindern einüben, wie man sich richtig die Hände wäscht – oder auch die Füße.

Sonnenstich!

WARUM EIN SONNENHUT WICHTIG IST

ab 2 Jahren

Förderschwerpunkt Körper, Sinne & Gesundheit

Wer zu lange in der Sonne ist, kann krank werden. Das wissen Ihre Kinder bestimmt schon, oder? Ganz schlimm wird es, wenn man keinen Sonnenhut aufzieht. Daran erinnern die fünf Schlingel in diesem Fingerspiel.

Fünf Finger waren zu lange in der Sonne.
Sie wollten nicht hören,
sie wollten nicht rein,
sie wollten gern ganz ohne Sonnenhut sein.

die fünf Finger zeigen

Der Daumen hat Durst und trinkt einen Schluck,

den Daumen antippen

der Zeigefinger gibt sich grad noch 'nen Ruck.

den Zeigefinger antippen

Der Mittelfinger legt sich lieber hin,

den Mittelfinger antippen

der Ringfinger kratzt sich ratlos am Kinn.

den Ringfinger antippen

Dem kleinsten geht es schon wieder gut,

den kleinen Finger antippen

doch nächstes Mal nimmt er 'nen Sonnenhut!

mit dem kleinen Finger wackeln

Gestatten: Zauberer Wumms!

EIN FINGERTHEATER MIT SELBST GEMACHTEN KOPFBEDECKUNGEN

ab 4 Jahren

Förderschwerpunkt Sprache & Literacy

Das brauchen Sie einen schwarzen Filzstift, einen Fingerhut, ein Stückchen roten oder grünen Stoff, einen Zahnstocher/ein Streichholz, eine stabile Schere

Dieses Fingertheater können Sie den Kindern ganz einfach an einer Tischkante vormachen. Bestimmt möchten die Kinder es mehrmals sehen. Nach einigen Aufführungen können die Kinder die beiden Figuren auch selbst nachspielen und dazu ihre Finger „verkleiden".

Zum Vorspielen stülpen Sie den Fingerhut über einen Finger. Den Bereich unter dem Finger malen Sie mit Augen und einem Schnurrbart als Zauberer Wumms' Gesicht an. Aus dem Stoff oder Papier drehen Sie eine winzige spitze Mütze, die Sie mit etwas Klebstoff oder Klebestreifen zusammenkleben. Die Mütze setzen Sie auf einen anderen Finger. Den Bereich unter der Mütze malen Sie mit einem Gesicht als Hexe an. Dann kann es losgehen.

Gestatten, ich bin der Zauberer … äh …
Nicht laut sagen, sonst macht es noch … wumms!

den Zaubererfinger zeigen, sich kurz damit verbeugen;
Vorsicht, dass der Hut dabei nicht herunterfällt!
Das Wort „wumms!" nur flüstern

Ich bin auf der Suche nach Schätzen und Gold,
wüsst' nämlich nicht, wie ich's zaubern sollt'.

Zaubererfinger bewegen

Mein Zauberstab, der wurde geraubt,
den hat eine Hexe abgestaubt.

Zaubererfinger zeigen

Seitdem fall ich hin oder ich stolper, fall um,
jedenfalls macht es dann immer … wumms!

Zaubererfinger umfallen lassen

Oh, da ist ja die Hexe, ich frag sie mal gleich,
ob sie mir freundlich den Zauberstab reicht.

Zaubererfinger wieder zeigen

Den hab ich verloren, im Meer, bitte sehr,
hab ja selbst keinen Zauberstab mehr.

den Hexenfinger zeigen und als Hexe mit heller, schriller Stimme sprechen

Seitdem fall ich hin oder ich stolper und … plumps!
Mir geht es genau wie dem Zauberer Wumms.

Hexenfinger hinfallen lassen

Könnt ihr uns helfen, ihr seid doch so schlau,
vielleicht, wenn ihr uns einen Zauberstab baut?

wieder die Zaubererpuppe sprechen lassen und zeigen, dann den Kindern den Zahnstocher/das Streichholz zeigen, die Kinder können ihn/es mit etwas Hilfe in der Mitte zerteilen/zerschneiden und den beiden Figuren die Teile zeigen

Habt vielen Dank, ihr seid richtig nett,
jetzt geh'n wir nach Haus, wir müssen ins Bett.
Tschü-hüs!

Hexe spricht, dann Zauberer, dann verschwinden die beiden Finger

Der Frosch und die Fliege

EINE MINI-FINGERGESCHICHTE FÜR DIE KLEINSTEN

ab 1 Jahr

Förderschwerpunkt Sprache & Literacy

Dieses Fingerspiel können Sie selbst dann noch machen, wenn Sie ein Kind auf dem Arm haben, denn es lässt sich prima mit nur einer Hand machen. Durch den Überraschungseffekt werden die Kinder aufmerksam Ihren Bewegungen folgen und das Spiel auch selbst lernen wollen.

Kommt, ihr Kinder, und seht mal an,
wie die Fliege fliegen kann:

mit einer Hand als Fliege in der Luft Kreise ziehen

Rundherum und in die Höh,
doch da kommt der Frosch, o weh!

weiter Kreise fliegen

Quack, quack, quack –
und eins, zwei, drei,
mit der Fliege ist's vorbei!

das Froschquaken nachmachen, die Hand verstecken

ALTERNATIV

Wenn Sie beide Hände frei haben, kann eine Hand auch zum Froschmaul werden und die andere Hand (die Fliege) verschlingen.

Fünf Blumen

EIN ZEHENSPIEL FÜR BARFUSSTAGE

ab 1 Jahr

Förderschwerpunkt Körper, Sinne & Bewegung

Bei diesem Spiel sollten die Kinder barfuß sein, denn nur dann können sie sich so richtig schön an den Füßen kitzeln und ihre Zehen beim Wackeln betrachten.

Fünf Blumen stehen auf der Wiese,
die dickste ist die Anneliese.

die fünf Zehen zeigen, mit dem Finger auf die große Zehe zeigen

Ein Sommerwindchen weht sie an,
die Blumen mögen's und freu'n sich dran.

über die Zehen pusten

Ein Schmetterling nimmt Platz und ruht sich aus,
die Blumen mögen's, denn toll sieht das aus!

mit einer Hand als Schmetterling angeflogen kommen und die Zehen nacheinander antippen

Ein Spinnchen krabbelt auf ihnen umher,
die Blumen mögen's, es ist ja nicht schwer.

mit einer Hand als Spinne mit den Fingern auf den Zehen krabbeln, kitzeln erlaubt!

Ein Regen prasselt auf sie hernieder,
die Blumen mögen's, das passiert immer wieder.

mit den Fingerspitzen auf die Zehen trommeln

Ein Hälmchen wächst neben ihnen her,
da lachen die Blumen, das kitzelt sie sehr.

am Fuß kitzeln

Am Abend machen sie die Blüten zu,
schlummern ein bisschen, genauso wie du.

Strümpfe anziehen oder den Fuß wegnehmen

Es war einmal ein Wasserdrache

EIN NASS-SPRITZ-FINGERSPIEL FÜR HEISSE TAGE

ab 3 Jahren

Förderschwerpunkt Körper, Sinne & Bewegung

Das brauchen Sie eine Wanne mit etwas Wasser, einige Goldmuggelsteine

Bei diesem Fingerspiel werden die Kinder garantiert viel Spaß haben, denn es geht nicht nur ums Fingerspielen: Hier darf auch gespritzt werden!

Legen Sie die Muggelsteine in die Wanne mit dem Wasser. Dann kann es schon losgehen. Im Anschluss an das Spiel dürfen die Kinder die Steine aus dem Wasser fischen. Wenn Sie die Geschicklichkeit der Kinder noch weiter fördern möchten, können Sie ihnen für diese Aufgabe kleine Löffel geben.

Es war einmal ein Wasserdrache,
der hielt an einem Goldschatz Wache.

mit einer Hand ein großes Maul wie das eines Drachen formen

Ein Räuber kam und stand im Gras,
der Drache spritzt' ihn einfach nass.

den Daumen zeigen und kurz mit etwas Wasser aus der Wanne nass spritzen oder einfach nur antippen

Als zweites kam ein Ritter an,
den pustet der Drache mit Wasser an.

den Zeigefinger zeigen und weiter wie beim Daumen

Ein Riese versuchte als drittes sein Glück,
na, der kam auch ganz nass zurück.

den Mittelfinger hochhalten und weiter wie oben

Als viertes kam ein Wichtel, gewitzt,
doch der wurde auch nur mit Wasser bespritzt.

den Ringfinger hochhalten und weiter wie oben

Als fünftes versucht's die kleine Maus,
was glaubt ihr, sie kam pitschnass nach Haus.

den kleinen Finger hochhalten und weiter wie oben

Der Schatz liegt noch immer verborgen im See,
denn der Drache passt auf, oh weh, oh weh!

die Hand wieder zum Drachenmaul formen

In unserm Häuschen

EIN BEKANNTES FINGERSPIEL ZUM AUFPASSEN

ab 3 Jahren

Förderschwerpunkt Kognitive Kompetenzen

Dieses Aufpassfingerspiel stammt, zumindest dem Text nach, von August Heinrich Hoffmann von Fallersleben. Sie können es für die Kinder immer wieder spannend gestalten, wenn die Kinder versuchen, die Mäuse zu fangen.

Versammeln Sie sich für dieses Fingerspiel mit den Kindern um einen Tisch, beispielsweise auch einen Spieltisch im Freien. Alle Kinder bis auf eines oder zwei (den oder die Mäusejäger) legen ihre Hände auf den Tisch. Zu den ersten sechs Zeilen huschen die Kinder mit ihren Händen über den Tisch und machen das Trappeln und Trippeln der Mäuse mit den Fingerspitzen nach. Bei „husch!" müssen die Jäger versuchen, eine Hand der anderen Kinder zu fangen. Die anderen Kinder müssen ihre Hände möglichst schnell wegziehen und unter dem Tisch verstecken.

In unserem Häuschen
sind schrecklich viele Mäuschen,
sie trippeln und trappeln,
sie zippeln und zappeln,
sie stehlen und naschen
und will man sie haschen …
husch! Dann sind sie weg!

ALTERNATIV

Sie können das Spiel auch so spielen, dass alle Kinder Mäuschen sind und ihre Hände bei „husch!" ganz schnell unter dem Tisch verstecken.

Oben auf dem Berge

EIN ALTBEKANNTES FINGERSPIEL ZUM ZÄHLENLERNEN

ab 3 Jahren

Förderschwerpunkt Mathematische Grunderfahrungen

Dieses bekannte Finger- und Handspiel gehört in jede Fingerspielesammlung. Die Kinder können hier an ihren Fingern die Zahlen abzählen und sie auf diese Weise auch gleich lernen.

Dort oben auf dem Berge,
da ist der Teufel los.

mit den Händen einen Berg bilden, dann die Zeigefinger wie Teufelshörner an den Kopf halten

Da streiten sich fünf Zwerge
um einen großen Kloß.

die Hand mit den fünf Fingern zeigen

Der erste will ihn haben,
der zweite lässt ihn los,
der dritte fällt in' Graben,
dem vierten platzt die Hos'.
Der fünfte schnappt den Kloß

nacheinander Daumen, Zeigefinger, Mittelfinger, Ringfinger und kleinen Finger antippen

und isst ihn auf mit Soß'.

die Hand zum Mund führen

Ich bin die Sonnenblume

EIN MITMACHGEDICHT FÜR DEN SPÄTSOMMER

ab 3 Jahren

Förderschwerpunkt Mathematische Grunderfahrungen

Sonnenblumen sind tolle Gewächse: Sie werden manchmal größer als ein erwachsener Mensch und sehen einfach wunderschön aus. Sonnenblumen heitern uns mit ihrem kräftigen Gelb auf. Beobachten Sie sie einmal: Als heliotrope Pflanzen folgen sie dem Lauf der Sonne mit ihrem Blütenköpfchen. Auch das Zählen bis zur Fünf können die Kinder hier ganz spielerisch üben.

Zuerst quetsch ich mich aus 'nem Körnchen raus,
dann wachse ich weiter, aus der Erde heraus.

aus der Hocke langsam hochkommen in den Stand

Der Sonne entgegen, so hoch ich nur kann,
fast komme ich schon an den Himmel heran.

die Arme über den Kopf führen und sich strecken

Dann falte ich meine Blätter aus,
erst eins,
dann zwei,
dann drei,
dann vier,
dann fünf.
Jetzt seh' ich schon fast wie 'ne Blume aus.

die Finger abzählen

Jetzt falte ich meine Blüte auf,
mein Köpfchen: Es folgt dem Sonnenlauf.

die Arme ausbreiten

Jetzt steh ich in meiner gelben Pracht,
schau nur, wie die Sonne herab zu mir lacht.

mit ausgebreiteten Armen stehen

Ich winke ihr zu, denn wir ähneln uns sehr,
wiege mich sanft erst hin und dann her.

winken, dann im Stehen wiegen

Die Schnecke Marie

EIN EINSCHLAF- UND KUSCHELGEDICHT FÜR DEN MITTAGSSCHLAF

ab 1 Monat

Förderschwerpunkt Körper, Sinne & Gesundheit

Nicht müde? Keine Lust zu schlafen? Wenn es im Sommer hell und warm ist, sehr verständlich! Dann hilft vielleicht dieses kleine Fingerspiel, bei dem sich die Kinder im Bett einkuscheln können. Sie können es auch als kleines Ritual nutzen, um die Kinder an jedem Mittag in den Schlaf zu begleiten.

Die Schnecke Marie
kriecht auf deinem Knie.

das Kind kurz am Knie streicheln

Dann kriecht sie ganz fein
zurück auf dein Bein.

das Kind kurz am Bein streicheln

Dann gähnt sie ganz leise,
ist müd' von der Reise.

gemeinsam mit dem Kind gähnen

Rutscht langsam herab,
das war wirklich knapp.

die Hand wegnehmen und verstecken

Jetzt kuschelt sie sich ins Häuschen ein,
guck nur mal, schon schläft sie ein.

das Kind zudecken und streicheln

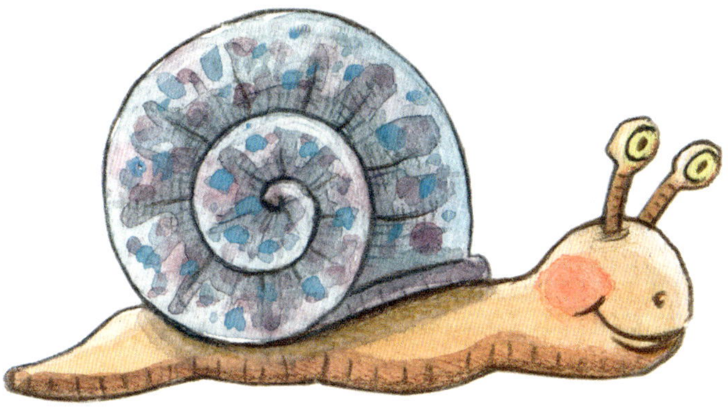

Hilfe, Gewitter!

EIN TISCHTROMMELSPIEL FÜR DEN SOMMER

ab 2 Jahren

Förderschwerpunkt Rhythmus & Musik

Ein richtiges Sommergewitter kann ganz schön laut sein. Das können die Kinder hier mit viel Lärm und Lachen auf einer Tischplatte nachtrommeln. Lassen Sie die Kinder am besten selbst Klopf- und Trommelgeräusche erfinden, um Donner und Hagel nachzustellen, und verwenden Sie die hier genannten Ideen nur zur Inspiration.

Guck nur, da ziehen Wolken herauf,
türmen und bauschen und knüllen sich auf.

mit den Händen über den Tisch streichen

Dunkel wird's nun, die Tiere verschwinden,
in Ritzen, in Mauern, in Nestern, in Rinden.

mit den Händen über den Tisch krabbeln, dann die Hände unter dem Tisch verstecken

Es grummelt und brummelt, noch nicht sehr laut,
bis sich am Himmel der Wolkenberg staut.

ganz leise mit den flachen Händen auf den Tisch klopfen

Dann donnert es laut, oh weh, rummsdibumms,
Blitze zischen mit einem Wumms.

mit den Fäusten auf den Tisch trommeln oder mit den flachen Händen auf den Tisch schlagen

Jetzt fängt es auch noch zu regnen an,
es trommelt und prasselt: rattatatamm!

mit den Fingerspitzen auf den Tisch trommeln, dann wieder mit den Fäusten

Aus Regen wird Hagel, es klickert und kracht,
es donnert und blitzt, gebt gut auf euch acht!

mit den Fingerknöcheln auf den Tisch klopfen

Der Hagel zieht weiter, der Regen hört auf,
die Wolken verzieh'n sich schon kurz darauf.

leiser klopfen, dann Stille

Es tropft noch ein bisschen, doch hell ist es jetzt,
na, das war ein echtes Gewitterfest!

mit den Fingerspitzen leise und sanft auf den Tisch tippen

FINGERSPIELE UND MATHEMATISCHE GRUNDERFAHRUNGEN

Eigentlich seltsam: Was haben Fingerspiele denn mit Mathematik zu tun? Sehr viel, wenn man Studien glauben will, nach denen Fingergeschicklichkeit direkt mit unseren Gehirnleistungen verbunden ist. Wer feinfühlige, geschickte und gut bewegliche Finger hat, dem gelingt natürlich auch die Auge-Hand-Koordination besser. Die Fingergeschicklichkeit, auch bekannt als „Fingergnosis", scheint aber auch mitverantwortlich zu sein für direkte mathematische Denkleistungen. Fingergnosis geht nach Meinung einiger Fachleute einher mit einem guten räumlichen Vorstellungsvermögen und mit verbesserten kognitiven Leistungen im Bereich Logik und Zahlen-/Mengenverständnis.

Katzen können Mäuse fangen

EIN BEKANNTES FINGERSPIEL ZUM GUT-AUFPASSEN

ab 2 Jahren

Förderschwerpunkt Kognitive Kompetenzen

Katzen beim Jagen zu beobachten kann ganz schön spannend sein und manchmal auch etwas erschreckend, denn die kleinen Zimmertiger können zu furchtbaren Räubern werden. Früher wurden Katzen oft gehalten, um Mäuseplagen zu verhindern, etwa auf Bauernhöfen. Bei diesem Spiel geht es ebenfalls um die Mäusejagd, die die Kinder mit ihren Händen nachstellen.

Katzen können Mäuse fangen,
haben Krallen wie die Zangen,
kriechen über Bretter und Dächer
und manchmal auch durch Mäuselöcher.

mit den Händen auf dem Oberschenkel hin- und herkrabbeln; die vordere Hand ist die Maus, die hintere die Katze

Mäuslein stehlen, naschen Speck,
seh'n die Katz' nicht im Versteck.
Leise, leise kommt die Katze,

mit der Hand, die die Katze darstellt, langsam an die Mäusehand heranschleichen fängt die Maus mit einem Satze!

mit der Katzenhand auf die Mäusehand springen

VARIATION

Alle Kinder krabbeln mit ihren Händen als Mäuse über den Tisch. Ein Kind ist die Katze, bei „Satze!" versucht es, eine der Hände zu fangen.

Armer kleiner Wicht

EIN TRÖSTE- UND STREICHELSPIEL

ab 1 Jahr

Förderschwerpunkt Emotionale Kompetenzen

Aufgeschürfte Knie kennen Sie vielleicht noch aus Ihrer Kindheit. Gerade im Sommer, wenn die Kinder viel draußen sind, kommt es immer wieder zu Stürzen. Gut, wenn es nicht allzu gefährlich ist. Zum Trösten können Sie dieses kleine Streichel- und Kitzelgedicht einsetzen.

Ach, du armer kleiner Wicht,
tut's noch weh? Ich hoffe nicht!

das Kind zu sich nehmen

Ich streichle und ich tröste dich,
denn das hilft immer, sicherlich!

nach Wunsch des Kindes können Sie das Kind streicheln und an sich drücken

Dann bring ich dich einfach wieder zum Lachen,
so vergisst man schnell die schlimmen Sachen.

das Kind zart an der Hand kitzeln

Wenn das noch nicht hilft, dann mach ich Grimassen,
dann kannst du das Lachen sicher nicht lassen.

eine lustige Grimasse machen oder ein anderes Kind dazurufen, das nun seine lustigste Grimasse zeigen darf

Fünf Marienkäfer

DEN SOMMER VERABSCHIEDEN

ab 3 Jahren

Förderschwerpunkt Natur & Naturwissenschaft

Am Ende des Sommers setzt das große Krabbeln ein: Käfer, Spinnen, Tausendfüßler suchen sich nun bald ein trockenes Plätzchen, an dem sie den Winter überstehen können. In diesem Fingerspiel machen sich fünf Marienkäfer auf, um sich ein Winterversteck zu suchen.

Fünf Marienkäfer,
die hocken auf 'nem Strauch,
hocken in der Sonne,
wärmen sich den Bauch.

die Hand mit den fünf Fingern hochhalten, mit den Fingern wackeln

Der erste Käfer fliegt jetzt weg,
der Sommer ist um, ins Winterversteck.

den Daumen einklappen

Der zweite Käfer folgt ihm gleich,
Käfer haben's im Winter nicht leicht.

den Zeigefinger einklappen

Der dritte Käfer zögert noch,
dann hebt er die Flügel und fliegt jetzt doch.

den Mittelfinger einklappen

Der vierte Käfer krabbelt fort,
überwintert an 'nem anderen Ort.

den Ringfinger einklappen

Der letzte Käfer winkt dir noch zu,
dann sucht auch er sich ein Plätzchen zur Ruh.

mit dem kleinen Fingern winken, dann auch den kleinen Finger einklappen

FINGERSPIELE ALS MINI-RITUALE

Fingerspiele helfen im Alltag beim Meistern von Übergängen, wenn sie beispielsweise zur Verabschiedung oder Begrüßung eingesetzt werden. Generell können Fingerspiele, die häufig gemacht werden und die die Kinder gut kennen, zur Orientierung im Alltag dienen. Die Kinder erleben und verschaffen sich durch die kleinen wiederholten Texte mit Fingerbegleitung Weltsicherheit. Auf diese Weise sind Fingerspiele Anker fürs Wohl- und Sicherfühlen.

3

Fingerspiele für den Herbst und seine Feste

Der **Herbst** ist eine der aufregendsten Jahreszeiten im Kita-Jahr, denn jetzt ist besonders viel los: Neue Kinder kommen vielleicht in die Krippe oder die Kita, die Erntezeit will gefeiert werden und Halloween und Sankt Martin sind ebenfalls Höhepunkte im Jahresverlauf. Aber auch draußen in der Natur gibt es nun viel zu entdecken: Blätter färben sich und fallen ab, die kleinen und großen Tiere suchen sich Winterverstecke und auf dem Waldboden findet sich kostenloses Spielmaterial in Form von Kastanien, Eicheln und Zapfen. All das thematisieren die Fingerspiele in diesem Herbstkapitel.

Wie schön, dass wir zusammen sind!

EINANDER IM HERBST BEGRÜSSEN

ab 2 Jahren

Förderschwerpunkt Soziale Kompetenzen

An einem typischen Herbstmorgen sind die Kinder vielleicht noch nicht ganz wach, im Gruppenraum ist es noch nicht richtig warm und Sie selbst haben heute „Montag"? Dann kann dieser Begrüßungsreim für gute Laune sorgen – und zwar an jedem Morgen im Herbst.

Drachen fliegen, Blätter segeln,

das Fliegen von Drachen und Blättern im Wind nachstellen

Vögel fliehen und Spinnen weben.

Flugbewegungen, dann die Hand zu einer Spinne formen und die Finger schnell bewegen

Durch den Herbst seid ihr heut hergekommen,

Gehen auf der Stelle

vielleicht durch Regen und Pfützen geschwommen?

Schwimmbewegungen

Wie schön, dass wir zusammen sind,

in die Hände klatschen

ob Regen, Sturm, Kälte oder Wind!

alle reichen sich die Hände und wünschen sich freundlich „Guten Morgen"

Fünf Äpfel hängen am Baum

DIE APFELERNTE NACHERLEBEN

ab 1 Jahr

Förderschwerpunkt Natur & Naturwissenschaft

Im Spätsommer und im Herbst ist die Zeit der Apfelernte. Haben auch Sie einen Apfelbaum in der Nähe? Dann, aber auch generell zur Erntedankzeit, passt dieses Apfelgedicht, das mit den Fingern erzählt wird.

Fünf Äpfel hängen am Baum und schwingen,
als ob sie fröhliche Lieder singen.

die Hand mit den Fingern nach unten halten, mit den Fingern wackeln

Den ersten Apfel pflückt ein Kind,
der zweite fällt runter ganz geschwind.
Den dritten frisst ein Rabe auf,
der vierte fällt ins Gras: padauf!
Der fünfte Apfel ist noch klein,
hängt oben noch im Bäumelein.

nach und nach einen Fingern nach dem anderen einklappen, bis nur noch der kleine Finger übrig ist

Ich pflück ihn, nehm ihn mit nach Haus,
da mach ich Apfelkuchen draus.

den kleinen Finger ebenfalls einklappen, über den Bauch streichen und „Hmmm!“ rufen

FINGERSPIELE UND FEINMOTORIK

Wer Fingerspiele macht, der merkt es gleich: Es ist gar nicht so einfach, einen bestimmten Finger gestreckt zu halten, während andere eingeklappt sind. Fingerspiele trainieren unter anderem genau das: die Beweglichkeit der Fingergelenke, aber auch die der Gelenke in Hand, Schulter und Ellenbogen. Darüber hinaus werden Sehnen und Bänder gestärkt und die Muskeln in Fingern und Händen kräftiger durchblutet und trainiert. Auf diese Weise ist jedes Fingerspiel Sport – wenn auch nur im Kleinen.

So viel feine Sachen!

SICH FÜR MAHLZEITEN BEDANKEN

ab 3 Jahren

Förderschwerpunkt Sprache & Literacy

Kennen die Kinder das Gemüse und die Früchte, die jetzt im Herbst geerntet werden? In diesem Fingerspiel kommen viele davon vor.

Rotkohl, Trauben und Spinat,
Pilze, Wirsing und Salat.
den Bauch reiben

Das alles kommt auf unsern Teller,
ins Lager oder in den Keller.
den runden Teller vor sich in die Luft malen

Kartoffeln, Möhren, Birnen auch,
Radieschen, Äpfel, Mais und Lauch.
den Bauch reiben

Das alles kann man reiben, schnitzeln,
einkochen oder ganz klein fitzeln.
das Kleinschneiden pantomimisch darstellen

Getreide, Rüben, Petersilie,
schlemmt man in Kita und Familie.
den Bauch reiben

Das alles kann man prima essen,
den Dank, den woll'n wir nicht vergessen!
in die Hände klatschen

VARIATION

Mit Kärtchen der einzelnen Gemüse- und Obstsorten können die Kinder das Spiel ebenfalls nachspielen: Verteilen Sie die Kärtchen an die Kinder. Wessen Frucht/Gemüse genannt wird, der hält sein Kärtchen hoch, damit es alle ansehen können.

Imse, Wimse, Spinne

EIN BEKANNTES FINGERSPIEL-LIED AUF ZWEI SPRACHEN

ab 2 Jahren

Förderschwerpunkt Rhythmus & Musik

Dieses lustige Fingerspiel ist auf Deutsch und auch auf Englisch bekannt und hat eine eigene Melodie. Falls Sie es nicht kennen, können Sie die Melodie sehr leicht im Internet anhören.

Imse, Wimse, Spinne, wie lang dein Faden ist!

eine Hand als Spinne zeigen

Kam der Regen runter und der Faden riss!

mit der anderen Hand den Regen andeuten, etwa: die Hand mit wackelnden Fingern von oben nach unten führen

Dann kam die liebe Sonne und leckt' den Regen auf.

mit der Hand nun die Sonne darstellen

Imse, Wimse, Spinne klettert wieder 'rauf.

mit der Hand als Spinne das Hochklettern nachmachen

Text auf Englisch mit gleichen Bewegungen:
Auf Englisch singen Sie zur gleichen Melodie. Sie können hier auch dieselben Bewegungen verwenden.

The itsy bitsy spider climbed up the water sprout.
Down came the rain and washed the spider out.
Out came the sun and dried up all the rain.
And itsy bitsy spider climbed up the sprout again.

TIPP Das Fingerspiel können die Kinder auch an einem Partner durchführen, an dem die Spinnenhand hinunter- und wieder hinaufklettert – und dabei ruhig auch etwas kitzeln darf.

Fünf dicke Kürbisse

EIN FINGER- UND MITMACHSPIEL FÜR DIE KLEINSTEN

ab 1 Jahr

Förderschwerpunkt Frühkindliche Feinmotorik

Dieses Fingerspiel ist besonders einfach und kurz. Schon die Krippenkinder haben Spaß daran. Statt als Fingerspiel können Sie es auch als Mitmachspiel mit echten (kleinen) Kürbissen spielen.

Fünf Kürbisse liegen in der Kiste herum.
Doch was ist das? Die Kiste fällt um!

die Fäuste auf den Boden oder auf den Tisch schlagen

Die Kürbisse kullern heraus, rumpelpumps,
rollen und kullern – und dann macht es plumps!

die Fäuste umeinanderbewegen, um das Kullern darzustellen

Schnell, räum sie auf, in die Kiste hinein,
sonst schmecken sie sicher nicht mehr so fein.

mit den Fäusten auf den Tisch/den Boden trommeln

VARIATION

Das brauchen Sie 5 Kürbisse (nicht zu groß / zu schwer), eine Kiste oder einen Karton

Als Mitmachspiel können Sie fünf kleinere Kürbisse in eine Kiste füllen. Die Kinder können passend zum Text die Kiste immer wieder umstoßen/ausleeren und die Kürbisse wieder einsammeln und in die Kiste zurücklegen. Dabei können Sie mit den Kindern die Wörter „Kürbis“ und „Kiste“ wiederholen.

Kartoffeln aus dem Sack

EIN AUFPASS-SPIEL FÜR DIE ERNTEZEIT

ab 2 Jahren

Förderschwerpunkt Kognitive Kompetenzen

Das brauchen Sie ein Sack/Säckchen, einige nicht zu große Kartoffeln

Haben Sie ein Kartoffelprojekt? Dann sollten Sie diesen kleinen Aufpass- und Konzentrationsspruch mit aufnehmen. Das Kartoffelspiel macht allerdings auch einfach sonst Spaß, wenn im Spätsommer oder im frühen Herbst die Kartoffeln geerntet werden.

Füllen Sie die Kartoffeln in den Sack. Erklären Sie den Kindern, dass Kartoffeln wichtige Grundnahrungsmittel sind. Wissen die Kinder, was alles aus den Knollen hergestellt wird (von Kartoffelbrei über Bratkartoffeln und Pommes bis hin zu Chips)? Auch die für dieses Spiel gebrauchten Kartoffeln können noch verwertet werden. Sie sollten nur nicht auf den Boden kullern. Können die Kinder hier gut aufpassen, damit das nicht passiert? Bei „mich" lassen Sie die Kartoffeln aus dem Sack auf den Tisch kullern. Können die Kinder schnell reagieren und die Kartoffeln auffangen, bevor sie vom Tisch fallen? Nach einer oder zwei Runden kann auch eines der Kinder Ihre Rolle übernehmen und die Kartoffeln aus dem Säckchen purzeln lassen.

Ich hab Kartoffeln gesammelt für alle,
jetzt pass ich auf, dass sie nicht fallen.

den Kindern den Sack mit dem Inhalt zeigen

Ich leg das Säckchen auf den Tisch,
oh weh, oh weh, ich ärger mich:

den Sack auf den Tisch stellen und umwerfen, sodass die Kartoffeln über den Tisch rollen

Da kullern sie schon, bemerkt hab ich's nicht,
wer fängt sie und legt sie zurück auf den Tisch?

die Kinder schnell die Kartoffeln auffangen/aufhalten und zurücklegen lassen

TIPP Nach dem Spiel können Sie mit den Kindern aus den Kartoffeln etwas zubereiten, etwa einen Kartoffelbrei, Pellkartoffeln oder einen Kartoffelauflauf.

Wisst ihr, wo die Tiere sind?

EIN WINTERSCHLAFGEDICHT MIT FINGERBEGLEITUNG

ab 4 Jahren

Förderschwerpunkt Natur & Naturwissenschaft

Im Herbst wird es ruhig, denn all die kleinen zappeligen Tierchen verkriechen sich jetzt, um Winterschlaf oder Winterruhe zu halten. Davon erzählt dieses Fingergedicht.

Wisst ihr, wo die kleinen Tiere jetzt sind?
Bei Kälte, bei Regen und auch bei Wind?

den Kopf schütteln, die Schultern hochziehen

Sie schlummern in Nestern dem Frühling entgegen,
schlummern ganz tief bei Wind und bei Regen.

aufzählen und als Erstes den Zeigefinger antippen

Sie schlummern bei Kälte und Schnee,
bei Stürmen und Eis, oje, oje.

weiter aufzählen und jetzt den Mittelfinger antippen

Sie schlummern, wenn Autos und Laster fahren,
sie schlummern durch alle Wintergefahren.

weiter aufzählen und jetzt den Ringfinger antippen

Sie schlummern auf Wiesen, in Gärten, im Wald,
auch wenn's nass ist oder eisig und kalt.

weiter aufzählen und den kleinen Finger antippen

Aber im Frühling, da kommen sie wieder heraus,
schütteln die Pfoten und Beinchen aus.

die Hand ausschütteln

Aus einem Apfel ...

MIT DEN HÄNDEN EINE RAUPENGESCHICHTE ERZÄHLEN

ab 2 Jahren

Förderschwerpunkt Feinmotorik

Dieses Fingerspiel könnte in den Herbst, aber auch in den Frühling passen, denn es führt die Kinder von einer Raupe im Herbstapfel bis zum Schlüpfen des Schmetterlings im nächsten Frühling. Die Finger- und Handbewegungen trainieren das Umsetzen von gehörter Information mit dem Körper (den Händen und Fingern).

Aus einem Apfel, oh wie nett,
schaut eine Raupe, dick und fett.

die Hand samt Daumen zur Faust ballen, den Daumen herausziehen als Raupe

Sie frisst ein Blatt und noch ein Blatt,
bis sie sich satt gefressen hat.

mit dem Daumen über die Faust streichen

Und ist der Sommer dann vorbei,
dann schläft sie bis zum nächsten Mai!

den Daumen wieder in die Faust stecken

„Chchch! Chchch!"
Ganz langsam kriecht sie nun heraus,
aus ihrem kleinen Raupenhaus.

den Daumen langsam wieder aus der Faust ziehen

„So seht nur", ruft sie, „wie ich da drin
zum Schmetterling geworden bin!"

die Hände zu einem Schmetterling zusammenlegen

Sie breitet ihre Flügel aus
und fliegt jetzt in die Welt hinaus.

mit den Händen als Schmetterling davonfliegen

Au, das sticht!

EINE MITMACHGESCHICHTE ÜBER SCHLAFENDE IGEL

ab 4 Jahren

Förderschwerpunkt Sprache & Literacy

Dieses Fingerspiel erzählt eine ganze Geschichte. Es geht um einen kleinen Igel, der gern einen Mitschläfer im Nest hätte, aber keines der Tiere hält es mit ihm aus, denn der kleine Igel hat ja Stacheln. Was tun?

Ein kleiner Igel, der sucht sich ein Nest,
denn schlimm ist das Wetter im Herbst schon jetzt.

die Hand über die Augen halten

Ach, wie gemütlich, er kuschelt sich ein,
Blätter und Ästchen und Moos: Hach, wie fein!

gemütlich das Kuscheln nachstellen

Ein Mäuschen, das kuschelt sich schnell dazu,
sticht sich am Igel, ruft „Au“ und „Auhu!“

kuscheln, dann mit einem Finger in die andere Hand stechen

Das Mäuschen läuft weg, ein Hamster kommt jetzt,
der sticht sich am Igel ganz schön fest.

wie oben: kuscheln, stechen

Der Hamster rennt weg, ein Biber kommt an,
drückt sich zu fest an den Igel heran.

wie oben

Der Biber flitzt weg, jetzt kommt keiner mehr.
Der Igel ist traurig, allein ist er sehr.

*wie oben, dann die Schultern hochziehen,
traurig gucken*

Da raschelt das Laub, was glaubt ihr, wer's ist?
Ein zweiter Igel kommt angeflitzt.

Laufbewegungen mit den Händen machen

Nun kuscheln die Igel gemütlich zu zweit
und dann schlafen sie eine lange Zeit.

kuscheln, gähnen, schnarchen – je nach Ideen der Kinder

FINGERSPIELE IM HERBST

Das bekannteste Herbstfingerspiel ist wohl „Das ist der Daumen" mit seiner Geschichte von der Pflaumenernte. Dieses Fingerspiel findet sich wegen seiner sehr großen Bekanntheit nicht in diesem Buch. Wie bei vielen klassischen Fingerspielen werden auch in diesem Spiel die Finger einzeln aufgeklappt oder ausgestreckt und gezeigt. Gerade diese Bewegungen können die Feinmotorik fördern. Viel weniger häufig finden sich Fingerspiele zu Halloween und zu Sankt Martin. Vor allem neue, lustige und zeitgemäße Fingerspiele in diesem Buch können helfen, die Kinder in den Herbst zu begleiten und seine Feste zu thematisieren: mit Gespenstern, Vampiren und Spinnen wird die Halloweenzeit gleich viel anschaulicher und mit Licht und Pferdegewieher können Sie die Sankt-Martin-Saison einläuten.

Wer will fleißige Spinnen sehen?

EIN HANDGESTENSPIEL ZUM SINGEN

ab 3 Jahren

Förderschwerpunkt Rhythmus & Musik

Singen, das Gesungene verstehen und gleichzeitig Bewegungen dazu machen: Das ist für die jüngeren Kinder noch ganz schön viel auf einmal. Singen Sie dieses Lied zur Melodie von „Wer will fleißige Handwerker sehen“ darum langsam, sodass die Kinder gut mitkommen. Am besten funktioniert es im Stehen in einem lockeren Stehkreis.

Wer will fleißige Webmeister sehen,

Hand über die Augen legen

der muss zu uns Spinnen gehen.

auf der Stelle gehen

Heb das Bein, web ganz fein,

Beine nacheinander anheben

das Netzchen wird bald fertig sein.

mit den Armen in der Luft ein rundes Spinnennetz zeigen

TIPP Auch im Sitzen an einem Tisch funktioniert das Lied: Dann gehen Sie in der zweiten Zeile mit zwei Fingern über den Tisch. In der dritten Zeile formen die Kinder mit ihrer Hand eine Spinne und heben die Finger an. Zum Schluss einfach das Netz mit den Fingern auf den Tisch malen.

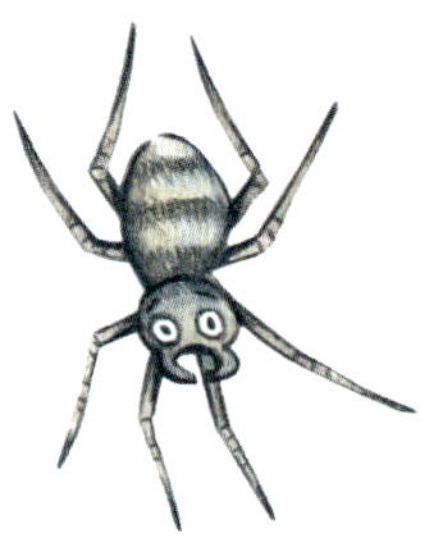

Was ist das für ein Wind!

EIN FINGERSPIEL ZUM PUSTEN

ab 2 Jahren

Förderschwerpunkt Körper, Sinne & Gesundheit

Pusten ist eine tolle Übung: Es kräftigt und trainiert Atmung und Lungen und ist auch wichtig für das Sprechenlernen. Bei diesem Fingerspiel müssen die Kinder ganz viel pusten.

Huh, was ist das für ein Wind,
bläst durch Blätter und Äste geschwind.

die Hand hochhalten und durch die ausgestreckten Finger pusten

Da fangen die Bäume an, sich zu biegen
und sich im Wind hin- und herzuwiegen.

die Finger hin- und herbewegen

Noch stärker pusten die Winde jetzt,
die Bäume bleiben doch hoffentlich fest?

Finger hochhalten, bewegen, diesmal stärker durch die Finger pusten

Die Blätter segeln im Wind weit weg,
wer weiß wohin? Ins Blätterversteck.

mit der anderen Hand über die „Baumhand" wischen und so das Wegwehen der Blätter darstellen, die Hand weit durch die Luft bewegen

Der Blättertanz

EIN TISCHSPIEL MIT HÄNDEN UND HERBSTLAUB

ab 2 Jahren

Förderschwerpunkt Körper, Sinne & Bewegung

Das brauchen Sie etwas Herbstlaub

Jedes Jahr im Herbst können die Kinder das beobachten: Der Wind wirbelt Blätter und Äste durch die Luft. Auf dem Boden raschelt es dann herrlich, wenn man durch das Herbstlaub geht. Genau das können die Kinder auch drinnen nachmachen – mit echtem Laub.

Für dieses Spiel können Sie sich mit den Kindern um einen Tisch setzen. In die Tischmitte kommt etwas gesammeltes Herbstlaub.

Der Wind fordert die Blätter zum Tanzen auf,
die Blätter, sie tanzen im Blätterwettlauf.

alle halten ihre Hände über die Blätter

Sie fliegen und stieben,
schranzen und tanzen,
wirbeln und zwirbeln,
drehen und wehen,
sausen und brausen
durch die Luft.

nach Herzenslust im Laub wühlen

Doch dann wird es still und Ruhe kehrt ein,
bald wird es nämlich schon Winter sein.

flüstern, die Hände aus dem Laub nehmen, dann Stille

Fünf Gespenster

EIN BEKANNTES FINGERSPIEL FÜR DIE HALLOWEENZEIT

ab 3 Jahren

Förderschwerpunkt Emotionale Kompetenzen

Das brauchen Sie weiße Finger-, Schmink- oder Wasserfarbe, schwarzen Filz- oder Schminkstift

Dieses Fingerspiel kennen Ihre Kinder vielleicht schon? Es ist sehr wichtig, bekannte Fingerspiele regelmäßig zu wiederholen. Dieses Fingerspiel lädt direkt zum Mitmachen ein, denn es ist sehr einfach. Passend dazu können Sie Ihre Fingerkuppen weiß anmalen und Gespensteraugen aufmalen.

Die Kuppen aller fünf Finger weiß anmalen. Mit schwarzem Filz- oder Schminkstift Gespenstergesichter auf die Fingerkuppen malen.

Fünf Gespenster
hocken vor deinem Fenster.

die Hand mit den bemalten Fingern hochhalten und mit den Fingern wackeln

Das erste schreit: „Haaa!“,

den Daumen zeigen

das zweite heult: „Huuu!“,

den Zeigefinger zeigen

das dritte jammert: „Hooo!“,

den Mittelfinger zeigen

das vierte lacht: „Hiii!“

den Ringfinger zeigen

Das fünfte schwebt zu dir herein,

den kleinen Finger zeigen

es flüstert: „Woll’n wir Freunde sein?“

mit dem kleinen Finger wackeln

Wie viele Eulen?

EIN MITZÄHL-FINGERSPIEL FÜR BALD-SCHULKINDER

ab 4 Jahren

Förderschwerpunkt Mathematische Grunderfahrungen

Bei diesem Fingerspiel ist nicht nur Fingereinsatz gefragt, sondern die Kinder müssen auch mitzählen und ein kleines bisschen rechnen. Zählen Sie am besten gemeinsam mit den Kindern laut nach. Das Fingerspiel eignet sich prima für die Bald-Schulkinder, etwa im Rahmen einer Schnupperschulstunde.

Drei kleine Eulen, die sitzen im Wald,
eine flattert weg, es ist nämlich kalt.

drei Finger hochhalten, die restlichen Finger einklappen,
dann einen weiteren Finger einklappen

Da kommen vier Eulen mit Heulen dazu,
so schlummern jetzt alle, die Augen sind zu.

an der anderen Hand vier Finger hochhalten, die Kinder können
durch Nachzählen zur richtigen Lösung gelangen

Wie viele Eulen sitzen jetzt dort?
Und wie viele sind's, fliegt eine noch fort?

einen Finger einklappen und noch einmal gemeinsam laut nachzählen

TIPP Statt mit den Fingern können Sie das Spiel auch mit Spielzeugfiguren von Eulen spielen. Wie viele Eulen benötigen Sie insgesamt? Richtig, sieben Eulen.

Gespenstertanz

EIN MITMACHGEDICHT FÜR GEISTERHAFTEN SPASS

ab 4 Jahren

Förderschwerpunkt Körper, Sinne & Bewegung

In der Halloweenzeit können die Kinder mit diesem Bewegungsgedicht den Morgenkreis eröffnen. Es passt aber auch auf eine Halloweenparty oder kann mit einer kleinen Tanzvorstellung für die Eltern kombiniert werden. Besonders toll wirkt das, wenn sich die Kinder dabei als Gespenster verkleiden und Sie für eine gruselige Beleuchtung, beispielsweise mit Schwarzlicht, sorgen.

Horch, es schlägt schon Mitternacht.
Gespenster sind jetzt aufgewacht.

die Hand ans Ohr legen

Sie schweben und fliegen durch die Nacht,
haben extra Lärm gemacht.

das Schweben nachmachen und dabei durch den Raum „fliegen"

Sie tanzen und drehen sich im Kreis,
leuchten im Dunkeln gruselig weiß.

die Kinder drehen sich einmal um sich selbst

Sie fassen sich an den Händen und lachen,
wie es Gespenster im Dunkeln so machen.

die Kinder kommen zu einem Kreis zusammen und fassen sich an den Händen

Sie tanzen einen wilden Reigen,
doch dann herrscht plötzlich wieder Schweigen.

eine Runde mit gefassten Händen im Kreis gehen

Vorbei ist der Spuk, der Himmel wird hell:
„Auf, ihr Gespenster, versteckt euch jetzt schnell!"

flüstern, leise in die Hocke gehen und sich ganz klein machen

Schau nur, ein Lichtchen!

EIN RITUAL FÜR DIE DUNKELSTE ZEIT IM JAHR

ab 2 Jahren

Förderschwerpunkt Emotionale Kompetenzen

Im Herbst beginnt die dunkelste Zeit im Jahr. Seit Urzeiten symbolisieren Fackeln, Lampen und Kerzen dann nicht nur Licht, sondern auch Wärme, Hoffnung und Liebe. In diesem Fingerspiel erleben die Kinder das mit. Es eignet sich gut als kleines Ritual, das sie durch Anzünden echter Kerzen unterstützen können.

Schau nur, ein Lichtchen!
Wie es brennt in der Nacht.
Wer hat denn dies kleine Licht angemacht?

die geschlossene Faust hochhalten, den Daumen als Lichtchen herausziehen

Ein zweites flammt auf,
wie schön sieht das aus!

Zeigefinger herausziehen

Ein drittes, ein viertes,
hell wird es jetzt,
ich weiß schon,
bald ist das Martinsfest!

Mittel- und Ringfinger herausziehen

Das fünfte Lichtchen
geht erst nicht ganz an,

kleinen Finger noch nicht herausziehen

drum halt ich die anderen Lichter daran.
Da flammen sie alle ganz hell wieder auf,
bald ist Sankt Martin, ich freu mich darauf!

kleinen Finger herausziehen, die Faust mehrmals schließen und wieder öffnen

Ein Licht ist im Dunkeln

DIE GESCHICHTE VON SANKT MARTIN MIT DEN FINGERN NACHSPIELEN

ab 3 Jahren

Förderschwerpunkt Feinmotorik

Bestimmt kennen die Kinder schon die Legende vom heiligen Martin, der seinen Mantel mit dem Schwert zerteilt, um ihn mit einem Bettler zu teilen. Dieses Fingerspiel erzählt die Geschichte mit kurzen Reimen nach. Am besten spielen es die Kinder auf einem Tisch.

Ein Licht ist im Dunkeln, wer mag das sein?
Sankt Martin reitet zum Stadttor hinein.

mit einer Hand als Pferd über den Tisch galoppieren

Er hält vor einem Bettler an,
ein armer, kranker, alter Mann.

die Hand stoppen lassen

Kalt bläst der Wind durch Straßen und Gassen,
den Mann kann er doch nicht frieren lassen.

über die Hand pusten

Er teilt seinen eigenen Mantel entzwei,
wickelt sich nur in die Hälfte ein.

mit einer Hand als Schwert zwischen die Finger, etwa Ring- und Mittelfinger, der anderen Hand „schneiden"

Das andere Stück kriegt der Bettler geschenkt,
bevor er sein Pferd durch die Stadt wieder lenkt.

mit der Hand wieder über den Tisch krabbeln

Der Bettler, der freut sich: „Ich danke dir sehr!
Nun hab ich's im Winter nicht mehr so schwer!"

mit der Hand auf den Tisch klopfen

Tschüss im Herbst!

EIN VERABSCHIEDUNGSFINGERSPIEL FÜR HERBSTTAGE

ab 3 Jahren

Förderschwerpunkt Soziale Kompetenzen

Am Ende des Kita-Tages gehen die Kinder mit ihren Eltern oder Großeltern nach Hause. Aber wie genau kommen die Kinder heim? Möchten sie erzählen, wie ihr Nachhauseweg ist? Wer fährt mit dem Bus? Wer mit der Bahn oder U-Bahn? Wer wird mit dem Auto abgeholt? Wer geht zu Fuß? Dieses Mitmachgedicht bietet sich als Verabschiedungsritual für Herbsttage an.

Ihr Kinder, ihr Kinder, gleich geht ihr nach Haus,
denn die Kita, die Kita, die ist jetzt gleich aus.

im Sitzkreis geben sich alle die Hände und bewegen sie rhythmisch beim Sprechen mit

Vielleicht fahrt ihr gleich durch Wind und Regen
oder müsst euch durch Staus und Städte bewegen?

die Kinder, die mit dem Auto durch eine Stadt fahren, können „Ich!“ rufen

Wer fährt mit der U-Bahn, dem Zug oder Bus,
weil er ja auch mal nach Hause muss?

die Kinder, die mit öffentlichen Verkehrsmitteln fahren, können „Ich!“ rufen

Wer stiefelt durch Pfützen und Schlamm heute heim?
Wird dann ganz schön schmutzig zu Hause sein?

die Kinder, die zu Fuß nach Hause gehen, können „Ich!“ rufen

Wie immer ihr heimkommt, wir wünschen uns Glück,
kommt bitte bald in die Kita zurück!

wieder gemeinsam die Hände bewegen

4 Fingerspiele für Winter und Weihnachten

Der **Winter** ist toll: Vielleicht gibt es Schnee und die Kinder können sich draußen in der weißen Pracht so richtig austoben? Oder Sie machen es sich gemeinsam mit ihnen drinnen gemütlich, genießen heißen Tee und Kerzenlicht. Auf den folgenden Seiten finden Sie Fingerspiele, die im Winter Spaß machen. Auch die Winterfeste bekommen hier eigene Fingerspiel-Ideen, nämlich Nikolaus, Advent, Weihnachten und Fasching.

Fünf müde Kerlchen

GANZ LANGSAM WACH WERDEN IM WINTER

ab 2 Jahren

Förderschwerpunkt Soziale Kompetenzen

Das brauchen Sie einen dunklen Filz- oder Kosmetikstift

Im Winter sind die Kinder manchmal noch sehr müde, wenn sie morgens in der Kita ankommen. Dann locken Sie sie mit diesem lustigen Fingerspiel aus der Müdigkeit hervor und sorgen für gute Laune.

Bevor Sie starten, bemalen Sie die Fingerspitzen der einen Hand mit traurigen Gesichtern, die der anderen Hand mit lustigen. Eventuell kann Ihnen beim Anmalen der Finger auch eine Kollegin helfen. Dann führen Sie den Kindern das Spiel einmal vor. Möchten die Kinder ihre Fingerspitzen auch anmalen und das Spiel selbst einmal mitspielen?

Fünf kleine Kerlchen, die sind noch nicht munter.
Schaut nur, sie ziehen die Mundwinkel runter.
die Hand mit den traurigen Gesichtern hochhalten

Müde lassen sie's Köpfchen hängen,
wollen sich gern heim ins Bettchen zwängen.
die oberen Fingerglieder nach unten klappen

Einer gähnt und mit lautem Kawumm
fällt das Kerlchen vor Müdigkeit um.
einen der Finger ganz einklappen

Da kommt die Sonne und scheint auf die Welt.
Ob das unsern Kerlchen vielleicht auch gefällt?
mit der anderen Hand die Sonne andeuten

Guckt nur, sie lachen und wach sind sie jetzt,
tanzen und feiern ein lustiges Fest.
die andere Hand mit den lustigen Gesichtern hochhalten und mit den Fingern wackeln

Kommt, wacht auf!

EIN ICH-KLATSCH-MICH-WACH-FINGERSPIEL

ab 3 Jahren

Förderschwerpunkt Fantasie & Neugierde

Da werden die Kinder ganz schnell wach! Noch jüngere Kinder, die sich leicht erschrecken, sollten hier noch nicht mitmachen. Für alle anderen Kinder kann dieses Mitmach- und Fingerspiel mit lautem Geklatsche nach leisem Flüstern ein großer Spaß sein.

Leise, leise, leise,
geht die Eule auf die Reise.

langsame Flugbewegungen machen, flüstern

Dunkel ist es, die Welt schläft noch fest,
die Eule ist wach, es schlummert der Rest.

flüstern, das Schlafen nachstellen, indem der Kopf auf die Hände gelegt wird

Doch schon wird es hell,
ging das wieder schnell!

bei „hell" und „schnell" laut in die Hände klatschen

Die Eule kriegt einen mächtigen Schreck,
zu laut ist es hier, sie fliegt lieber weg!

Flugbewegungen

Tschüss, Eule!

winken

Poch, poch, poch!

EIN KLOPFGEDICHT FÜR DIE NIKOLAUSZEIT

ab 3 Jahren

Förderschwerpunkt Rhythmus & Musik

Dieses Klopfspiel spielen Sie mit den Kindern am besten auf dem Boden sitzend. Aber Achtung, es wird laut: Hier wird geklopft, gestampft und gekratzt!

Poch, poch, poch,
der Nikolaus
klopft schon an
an unserm Haus.

mit den Fingerknöcheln auf den Boden klopfen

Kratz, kratz, kratz,
das ist sein Tier,
kratzt mit den Hufen
an der Tür.

mit den Fingern über den Boden kratzen

Wumm, wumm, wumm,
er poltert ins Zimmer,
bringt Geschenke, Leckereien
und Obst wie immer.

mit den Füßen auf den Boden stampfen

Kawumm und padauz,
da stolpert er rum
über die Schuhe,
schon fällt er um.

mit den Händen auf den Boden schlagen

Bumm macht's im Haus,
die Geschichte ist aus.

mit den Fäusten auf den Boden schlagen, in die Hände klatschen

Wer kommt denn heute?

SICH AUF DEN NIKOLAUS FREUEN

ab 3 Jahren

Förderschwerpunkt Körper, Sinne & Bewegung

Dieses Mitmachgedicht können die Kinder mit dem ganzen Körper begleiten. Am besten stellen Sie sich mit den Kindern in einem lockeren Stehkreis auf. Dann kann es losgehen: Lachen ist erlaubt!

Aufgepasst, ihr kleinen Leute,
sagt mir mal: Wer kommt den heute?

die Schultern hochziehen

Ist es vielleicht der Osterhase?
Was? Ein Mann mit roter Nase?

die Hände als Ohren an den Kopf halten

Dann kommt vielleicht Sankt Martin her?
Auf seinem Pferd mit Mantel und Schwert?

Reitbewegungen machen

Vielleicht kommt heut' ein Zwerg, ganz klein?
Ein Riese könnt' es eher sein?

in die Hocke gehen, dann ganz groß machen

Dann vielleicht die Frühlingsfee?
Ich weiß es nicht, oje, oje.

Flugbewegungen für die Fee machen

Mit spitzer Mütze und großem Sack?
Vielleicht der Räuber Huckepack?

eine spitze Mütze auf dem Kopf andeuten

Dann ist es sicher der Drache Matze
mit Feuerstrahl und Schwanz und Tatze?

fauchen wie ein Drache

Was, es ist der Nikolaus?
Ach so, dann ist das Raten aus!

sich an die Stirn schlagen

Juhu, endlich ist Advent!

MIT VIER KERZEN BIS WEIHNACHTEN ZÄHLEN

ab 2 Jahren

Förderschwerpunkt Mathematische Grunderfahrungen

Vier Kerzen zeigen auf dem Adventskranz die Adventssonntage an. Mithilfe dieser Kerzen können die Kinder selbst die Zeit abschätzen, die noch vergehen muss, bis Weihnachten da ist. Und auch dieses Fingerspiel kann dabei helfen.

Sagt mal, habt ihr die Kerzen geseh'n?
Ich wollte so gerne vier Lichtchen, schön.

die geschlossene Faust hochhalten

Ach, die erste ist ja da,
die zweite auch, na wunderbar!

zuerst den Zeigefinger, dann den Mittelfinger herausziehen

Die dritte brennt, jetzt ist es klar,
Weihnachten ist ganz bald da.

Ringfinger dazu herausziehen

Die vierte Kerze zeigt es an:
Weihnachten kommt jetzt heran!
Juhu!

den kleinen Finger herausziehen

Hier steht ein großer Tannenbaum

SICH AUF WEIHNACHTEN FREUEN

ab 3 Jahren

Förderschwerpunkt Sprache & Literacy

Dieses Spiel können Sie mit den Kindern im Sitzen oder Stehen durchführen. Die Bewegungen werden hier nicht nur mit den Fingern, sondern mit Händen und Armen gemacht. Das Spiel kann helfen, wenn den Kindern die Zeit bis Weihnachten wieder einmal zu lang wird.

Hier steht ein großer Tannenbaum
mit bunten Lichtern dran.

die Hände über dem Kopf spitz aneinanderlegen und so den Tannenbaum darstellen

Da kommt, trapp, trapp,
der Weihnachtsmann
und steckt ein Lichtlein an.

das Anstecken pantomimisch nachstellen

Das Glöcklein tönt ganz leis und sacht,
ruft alle, Groß und Klein.

pantomimisch ein Glöckchen läuten

Die Weihnachtstür wird aufgemacht:
„Ihr Kinder, kommt herein!"

das Türöffnen nachstellen, winken, wie um jemanden hereinzuwinken

Da blitzt es am Himmel!

EIN FEUERWERKSFINGERSPIEL

ab 2 Jahren

Förderschwerpunkt Emotionale Kompetenzen

Für Kinder ist das Feuerwerk an Silvester oft noch beängstigend. Kälte draußen, Lärm und die Lichter am Himmel sind eine eindrückliche Erfahrung, die sie in diesem Fingerspiel nach Silvester noch einmal verarbeiten können. Andere Kinder sind von all der Farbenpracht am Nachthimmel vielleicht eher fasziniert? Fragen Sie die Kinder!

Noch ist der Himmel dunkel und kalt,
wart nur ein Weilchen, das ändert sich bald.

flüstern, einen Finger an den Mund legen

Eine Rakete zischt schon herum,
funkelt am Himmel mit lautem Gesumm.

mit dem Zeigefinger angeflogen kommen und „Zzzzisch!" rufen

Eine zweite zeigt einen leuchtenden Stern,
eine dritte kommt schon in der Fern'.

eine Hand schnell mehrmals öffnen und schließen

Nun blitzt es am Himmel in aller Pracht,
wer hat wohl all diese Sterne gemacht?

beide Hände hochhalten, schnell öffnen und zur Faust schließen, um das Funkeln darzustellen

Fünf Finger sitzen dicht an dicht

EIN ALTBEKANNTES WINTERFINGERSPIEL

ab 2 Jahren

Förderschwerpunkt Soziale Kompetenzen

Die fünf Finger sind echte Freunde: Als der Daumen friert, wärmen ihn die anderen vier. Diese kleine freundliche Geschichte lässt sich anhand des altbekannten Fingerspiels prima nachspielen.

Fünf Freunde sitzen dicht an dicht,
sie wärmen sich, sie frieren nicht.

die Hand mit ausgestreckten Fingern hochhalten

Der erste sagt: „Ich muss jetzt geh'n!",

den kleinen Finger einklappen

der zweite sagt: „Auf Wiedersehen!"

den Ringfinger einklappen

Der dritte, der verlässt das Haus,

den Mittelfinger einklappen

der vierte geht zur Tür hinaus.

den Zeigefinger einklappen, sodass nur noch der Daumen übrig bleibt

Der fünfte ruft: „Hey, ihr, ich frier'!"

mit dem Daumen wackeln

Da wärmen ihn die anderen vier.

die anderen vier Finger wieder aufklappen und dann als Faust um den Daumen schließen

FINGERSPIELE ZUM SOZIALEN UND EMOTIONALEN LERNEN

Fingerspiele erzählen Mini-Geschichten: Manchmal geht es um den kleinen Finger, der immer zu spät ist, der etwas Besonderes macht oder alle zum Lachen bringt. Manchmal landen, etwa in Streichelspielen, kleine Tiere auf dem Körper des Kindes. Immer passiert etwas, immer erhalten die Kinder die Möglichkeit, sich in ein Lebewesen einzufühlen. Auf diese Weise üben sie Empathie. Diese Fähigkeit ist grundlegend für die emotionale Reifung des Kindes sowie seine psychische Gesundheit. Sie ist maßgeblich für viele weitere Lernerfahrungen. Denn wer mit Gefühlen lernt, der lernt intensiver.

Kommt, wir rollen eine Kugel!

EIN SPIELGEDICHT ÜBERS SCHNEEMANNBAUEN

ab 3 Jahren

Förderschwerpunkt Sprache & Literacy

In diesem Handgestenspiel können die Kinder das Schneemannbauen nachstellen. Toll, wenn sie gleich noch ein Schneemannbild dazu malen möchten und es aufhängen. Das Betrachten macht es ihnen auch leichter, den Text zu lernen.

Kommt, wir rollen eine Kugel,
aus Schnee so weiß und schick,
das wird der Bauch vom Schneemann dick,
die stellen wir uns auf.

die Hände umeinanderdrehen,
auf den eigenen Bauch zeigen

Die zweite Kugel rollen wir,
aus Schnee so weiß und schick,
das wird die Brust vom Schneemann dick,
die kommt als Nächstes drauf.

die Hände umeinanderdrehen,
auf die eigene Brust zeigen

Die dritte Kugel rollen wir,
aus Schnee so weiß und klein,
das wird der Kopf vom Schneemann fein,
die kommt zuletzt noch drauf.

die Hände umeinanderdrehen, auf den
eigenen Kopf zeigen

Ein Hut dazu,

den Hut andeuten

eine Nase im Nu,

das Anstecken der Nase andeuten

einen Mund
ganz rund
und fast
ist's geschafft.

mit zwei Fingern einen lachenden Mund zeigen

Der Schneemann kriegt noch einen Besen,
ist das ein toller Spaß gewesen!

in die Hände klatschen

Wer friert?

EIN FINGERSPIEL FÜR EISKALTE TAGE

ab 2 Jahren

Förderschwerpunkt Feinmotorik

In diesem Fingerspiel wird es eisig kalt. Können die Kinder vorher einmal nachmachen, wie es aussieht, wenn man schrecklich friert (Zähneklappern, Beinezittern, Arme reiben, Hände anpusten, mit den Füßen stampfen ...)?

Fünf Finger stehen im Winterwald,
zittern und frieren, es ist ihnen kalt.

die Hand mit den fünf Fingern hochhalten

Der erste zieht 'nen Mantel an,
der zweite rückt hier ganz nah dran.

Daumen hochhalten, dann Zeigefinger dazu hochhalten und am Daumen reiben

Der dritte geht nach Haus ins Warme,
der vierte reibt sich schnell die Arme.

Mittel- und Ringfinger zusätzlich hochhalten

Der fünfte Finger lacht,
hat ein Feuerchen gemacht.

den kleinen Finger dazu hochhalten und damit wackeln, das Lachen oder Kichern nachmachen

Der Schneemann und die Schneefrau

EIN BEKANNTES FINGERSPIEL FÜR DIE WINTERZEIT

ab 2 Jahren

Förderschwerpunkt Feinmotorik

Dieses Fingerspiel handelt von einem Schneemann und seiner Frau und davon, was mit ihnen passiert, wenn es warm wird und die Sonne scheint. Die Kinder können im Vorfeld ausprobieren, ob sie die Zahl Zwei mit den Fingern zeigen können.

Der Schneemann und die Schneefrau
die steh'n an ihrem Platz.

zwei Finger hochhalten

Doch wenn ganz warm die Sonne scheint,

mit der anderen Hand die Sonne darstellen

zerfließen sie zu Matsch.

in die Hände klatschen

Der Schneemann und die Schneefrau,
die machen einen Schwatz.

wieder zwei Finger hochhalten

Doch wenn dann noch der Regen fließt,

mit der anderen Hand den Regen darstellen

Ist's aus mit ihnen – klatsch!

in die Hände klatschen

FINGERSPIELE IM WINTER

Das Fingerspiel/Fingerspielen muss nicht immer in angeleiteter Form erfolgen. Zur Konzentration auf die Finger kann auch gehören, dass Sie sich mit den Kindern gemeinsam die Hände eincremen und/oder massieren. Gerade das tut den Händen im Winter gut, wenn die Haut rau und gerötet ist. Im Winter können Sie mit den Kindern aber auch das Schneemannbauen im Fingerspiel nachspielen oder Sie schauen mit Fingerreimen nach, wo die kleinen Tiere sich jetzt verstecken.

Rabengeflatter

ZÄHLEN UND RECHNEN FÜR HEXENFREUNDE

ab 4 Jahren

Förderschwerpunkt Mathematische Grunderfahrungen

In diesem Fingerspiel geht es ums Zählen und Rechnen und außerdem müssen die Kinder gut aufpassen, dass sie jeden der Raben mitzählen – ganz schön knifflig. Zählen Sie auch hier laut mit.

Eins, zwei, drei, vier, fünf und sechs,
da ist sie ja, die kleine Hex'.

gemeinsam zuerst den Daumen, dann die nächsten Finger hochhalten und bei „sechs" die andere Hand dazunehmen; dazu laut zählen

Fünf Raben setzen sich noch dabei,
einer fliegt weg, dazu kommen zwei.

fünf Finger einer Hand hochhalten, einen Finger einknicken, dann zwei Finger an der anderen Hand hochhalten

Die Hexe kratzt sich am Kopf und zählt schnell,
wie viele Raben mit schwarzem Fell?

gemeinsam die nun hochgehaltenen Finger laut nachzählen

Nun kommen noch zwei kleine Raben geflogen,
der Ast ist nun ganz schön durchgebogen.

zwei weitere Finger dazunehmen

Wie viele Raben sitzen dort jetzt,
feiern mit Krächzen ein Rabenfest?

wieder gemeinsam laut die Raben zählen

Fünf Schneeflocken

EIN ALTBEKANNTES KITZEL- UND STREICHELSPIEL

ab 1 Jahr

Förderschwerpunkt Körper, Sinne & Gesundheit

Mit diesem bekannten Fingerspiel lernen die Kinder die Teile ihres Gesichts mit Namen kennen und benennen. Darum eignet es sich sehr gut, um die Körperwahrnehmung, aber auch die Konzentration zu fördern. Bei sehr jungen Kindern können Sie das Spiel im Einzelkontakt durchführen und das Kind dabei kitzeln und streicheln.

Fünf Schneeflocken fallen auf die Erde nieder.

mit einer Hand das Schneien nachstellen – Finger spreizen und bewegen

Das erste Schneeflöckchen macht sich den Spaß
und setzt sich mitten auf die Nas'.

auf die Nase tippen

Das zweite Schneeflöckchen setzt sich auf das Ohr
und kommt sich dort ganz lustig vor.

das Ohr antippen oder sanft am Ohrläppchen ziehen

Das dritte Schneeflöckchen klettert hoch hinauf
und setzt sich auf das Köpfchen drauf.

über den Kopf streicheln oder kurz auf den Kopf tippen

Das vierte Schneeflöckchen setzt sich auf die Wange,
bleibt dort aber auch nicht lange.

ganz kurz auf die Wange tippen

Das fünfte Schneeflöckchen setzt sich auf deinen Mund
und glaubt, der Schnee, der sei gesund!

kurz auf den Mund tippen

Fünf Kostüme

EIN FASCHINGSFINGERSPIEL

ab 2 Jahren

Förderschwerpunkt Sprache & Literacy

In diesem Fingerspiel haben sich die fünf Finger verkleidet. Falls Sie Fingerpuppen in Form von Drache, Vampir, Prinzessin, Fee und Clown haben, können Sie diese verwenden. Aber auch ohne Fingerpuppen macht das Spiel jede Menge Spaß.

Fünf Finger haben Kostüme an:
Als Erstes kommt ein Drache dran,
den Daumen zeigen

der zweite ist die Prinzessin schön,
hat lang gebraucht, mit Kamm und Föhn.
Zeigefinger dazu hochhalten

Der dritte geht als Gruselvampir,
mit spitzen Zähnen kommt er aus der Tür.
Mittelfinger dazunehmen

Der vierte ist 'ne Fee mit Hut,
man muss schon sagen: Es steht ihm sehr gut.
Ringfinger dazunehmen

Der fünfte ist lustig anzuschau'n:
Das ist der Kleinste, er ist ein Clown.
kleinen Finger dazunehmen

Komm, liebes Mäuschen!

EIN FINGERTHEATER IM WINTERLICHEN GARTEN

ab 2 Jahren

Förderschwerpunkt Mathematische Grunderfahrungen

Das brauchen Sie 5 Mäuse- und eine Katzenhandpuppe oder Papierstreifen, Klebeband und Malstifte, nach Wunsch: Federn, Kunstschnee

Die Mäuschen in diesem Fingertheater möchten gern einen Ausflug in den winterlichen Garten machen – wenn da nur nicht die Katze wäre! Dieses kleine Fingertheater können Sie den Kindern vorspielen. Toll, wenn Sie fünf Mäuse- und eine Katzenfingerpuppe haben. Alternativ können Sie Ihre Finger auch anmalen oder mit kleinen Papierstreifen umkleben, die Sie als Mäuse und Katze gestalten.

Am besten funktioniert dieses Theater, wenn Sie es an einer Tischkante oder in einem Karton vorführen. Gestalten Sie die Finger einer Hand als Mäuschen. Einen Finger der anderen Hand „verkleiden" Sie als Katze. Zusätzlich können Sie den Tisch oder Karton auch mit weißen Federn oder Kunstschnee bestreuen. Dann kann es schon losgehen:

Ein Mäuschen, ein Mäuschen,
das guckt aus dem Häuschen!
den Daumen als Maus hochhalten

Die Luft ist rein, die Katze weg,
schläft bestimmt im Katzenversteck!
einen Finger der anderen Hand als Katze hinlegen und so weiter halten

Ein zweites kommt an und freut sich sehr,
hüpft auf den Pfötchen hin und her.
den Zeigefinger der Mäusehand dazu hochhalten

Ein drittes kommt jetzt aus dem Loch heraus,
kennt sich mit Katzen besonders gut aus.
den Mittelfinger der Mäusehand mit hochhalten

Ein viertes erscheint und gähnt noch im Gehen:
„Hat jemand schon die Katze gesehen?"
den Ringfinger dazunehmen

Da kommt das fünfte und stolpert herum,
fällt jetzt um mit lautem Kawumm.

den kleinen Finger dazu hochhalten, dann nach unten klappen

Die Katze wacht auf, oh weh, oh Schreck,
und kommt jetzt aus ihrem Katzenversteck!

den Katzenfinger hochhalten

Nun schlüpfen alle zurück ins Häuschen,
den Anfang macht das erste Mäuschen.

den Daumen einklappen

Das zweite hüpft auf den Pfoten umher,
schnell ins Häuschen, es eilt jetzt sehr.

Zeigefinger einklappen

Das dritte, das kennt sich mit Katzen aus,
drum schnell zurück ins Mäusehaus.

den Mittelfinger einklappen

Das vierte stellt das Gähnen ein,
schlüpft lieber schnell ins Mäuseloch rein.

den Ringfinger einklappen

Das fünfte, es stolpert, ojemine,
die Katze naht schon im kalten Schnee.

den kleinen Finger einklappen

Da ziehen die Mäuse ihr Freundchen ins Haus,
die Katz' kommt zu spät und die Geschichte ist aus.

die Mäusehand ganz wegnehmen

Tschüss, lieber Winter!

EIN SCHNEEFEENREIM ZUM ABSCHIED

ab 2 Jahren

Förderschwerpunkt Soziale Kompetenzen

Die Kita ist aus, aber die Kinder möchten nicht nach Hause gehen? Mit diesem Feenfingerspiel erleichtern Sie ihnen den Übergang. Und auch wenn der Winter so langsam zu Ende geht, hilft dieses Fingerspiel, sich auf die nächste Jahreszeit einzustellen.

„Uaaah! Bin ich müde!“, gähnt die Fee,
„so viele Tage mit Eis und Schnee!“
gähnen und sich recken und strecken

„Ich ließ es schneien mit weißen Flocken,
ganz kleinen Flöckchen und großen Brocken.
mit den Fingern das Schneien nachstellen

Ich ließ es auch regnen vom Himmel herab,
mit Tropfen und Tröpfchen, tripptrapp, tripptrapp.
die Hände schütteln, um das Regnen darzustellen

Ich machte auch Wind und Sturm so kalt,
in Städten, in Dörfern und auch im Wald.
die Hände an den Mund legen und hindurchpusten

Die Menschen frieren und wünschen sich sehr
den Frühling mit Wärme und Blumen her.
sich die Arme reiben

Drum geh ich jetzt schlafen, sag Tschüss und goodbye,
vielleicht kommt der Frühling ja bald schon herbei?“
die Hände unter dem Kinn wie zum Schlafen falten

„Tschüss, Schneefee!“
winken

5

Fingerspiele für alle Tage im Jahr

Auf den nächsten Seiten geht es nicht um die Jahreszeiten, sondern um **alle Tage im Jahr**. Die folgenden Fingerspiele eignen sich beispielsweise zur Begleitung von Ritualen, um Übergänge im Tageslauf zu meistern. Sie kündigen Sport, Mittagessen oder auch die Verabschiedung an, wenn der Kita-Tag sich dem Ende zuneigt.

Huhu, seid ihr alle da?

EIN FINGERSPIEL ZUM BEGRÜSSEN

ab 3 Jahren

Förderschwerpunkt Soziale Kompetenzen

Mit diesem Finger- und Mitmachgedicht können Sie sich jeden Morgen im Morgenkreis begrüßen. Im Spielverlauf können die Kinder gegenseitig auch erkennen, wer heute gut, schlecht oder mittelmäßig gelaunt ist – und das im Tagesverlauf auch respektieren.

Huhu, seid ihr alle da?
Wer da ist, der ruft ganz laut: Ja!

die Kinder rufen so laut sie können „Ja!"

Daumen hoch: Wem geht's heut' gut?
Das ist doch toll: so viel Mut!

Kinder mit guter Laune halten den Daumen hoch

Daumen runter: Wer will seine Ruh?
Oder macht gleich die Augen wieder zu?

Müde Kinder oder Kinder, die heute nicht gut gelaunt sind, halten den Daumen nach unten

Daumen zur Mitte: Es geht so, na ja,
den muntern wir auf, das ist doch klar!

die Kinder, die mittelmäßig gut gelaunt sind, halten den Daumen zur Mitte

Wir schütteln die Hände und Finger aus,
klappen die Fäuste mal zu und mal auf.

Hände und Finger sanft ausschütteln, dann hochhalten, schließen und wieder öffnen

Toll sieht das aus, wie Sterne, die blinken,
und zu uns herab auf die Erde winken.

winken

Wir winken zurück und wünschen uns gern:
Guten Morgen, ihr alle, ob nah oder fern!

die Kinder winken sich gegenseitig zu und rufen „Guten Morgen!"

Wart ein Weilchen!

EIN GEDULDSFINGERSPIEL FÜR WARTEZEITEN

ab 2 Jahren

Förderschwerpunkt Emotionale Kompetenzen

Manchmal ist es wichtig, etwas Geduld zu haben und abwarten zu können. Fragen Sie die Kinder, wann und warum das wichtig ist. Begleitend kann dieses Fingerspiel beim Warten die Zeit verkürzen.

Kleine Spinnen, kleine Spinnen,
möchten gern mehr Zeit gewinnen.

mit der Hand als Spinne schnell über den Tisch oder den Oberschenkel krabbeln

„Wart ein Weilchen,
web dein Seilchen!",

den Finger heben, dann ein Seilchen andeuten: etwa Zeigefinger und Daumen hochhalten, als ob man einen Faden halten würde

raten darum alte Spinnen,
schütteln die Beine mit allen Sinnen.

die Hand ausschütteln

Drum krabbeln nun die kleinen Spinnen,
langsamer von drauß' nach drinnen.

langsam mit der Spinnenhand krabbeln

FINGERSPIELE UND FEINMOTORIK II

Neben mehr Kraft und Beweglichkeit können Fingerspiele die Auge-Hand-Koordination verbessern. Damit sind sie ein wichtiger Baustein, wenn die Kinder später schreiben üben. Genau hierfür ist das „Gefühl" in den Händen nämlich wichtig. Dazu zählt auch das Herausfinden der dominanten Hand. Wer seine Finger „spürt", wer sie sensibel macht, wer sie auch beim Schneiden, Malen oder Kritzeln mehr und mehr gebraucht, dem fällt es auch leichter, diese dominante Hand herauszufinden und links und rechts besser auseinanderzuhalten. Zum „Handgefühl" gehört auch, die eigene Kraft zu spüren und richtig dosiert einsetzen zu können. Auch das fördern die kleinen Spiele mit den Fingern auf immer wieder neue und fantasievolle Weise.

Vor dem Essen, vor dem Essen

EIN MITTAGESSEN- ODER PAUSENSNACK-FINGERSPIEL

ab 2 Jahren

Förderschwerpunkt Feinmotorik

Die Zeit überbrücken, bis endlich das Essen auf dem Tisch steht, ist manchmal gar nicht so einfach. Dieses Fingerspiel macht richtig Spaß und stellt das Essen mit Messer, Gabel und Löffel nach. Es eignet sich auch als kleines Ritual vor jeder Mahlzeit.

Vor dem Essen, vor dem Essen,
Hände waschen nicht vergessen!
das Händewaschen pantomimisch nachstellen

Dann schneiden wir uns das Essen klein,
so wird's besser zu essen sein.
*die Zeigefinger kreuzweise übereinander reiben,
um das Schneiden darzustellen*

Picken mit der Gabel hinein, hinein,
hm, wie lecker, ins Mündchen herein.
*mit den Zeigefingern auf den Tisch tippen,
an den Mund führen*

Löffeln die Suppe, ein Mus und 'nen Brei,
schleckern und kleckern, das darf doch mal sein.
das Löffeln darstellen

Wischen uns kräftig über das Kinn,
so tropft es nur wenig, das macht wirklich Sinn.
mit Hand oder Ärmel übers Kinn wischen

Jetzt freuen wir uns, in allen vier Ecken,
guten Appetit und lasst es euch schmecken!
in die Hände klatschen

Wir haben Hunger!

EIN HEUL- UND FUSSTRAMPELSPIEL

ab 1 Jahr

Förderschwerpunkt Emotionale Kompetenzen

Welche Tiere haben wohl den größten Hunger? Was glauben die Kinder? In unseren Redensarten schieben vor allem Bär (Bärenhunger) und Wolf (Hungrig wie ein Wolf) Kohldampf. Darum macht dieses kleine Fußtrampel- und Heulspiel vor dem Mittagessen bestimmt Spaß (und Lärm)! Es hilft sehr hungrigen Kindern dabei, sich die Wartezeit bis zum Essen zu verkürzen.

„Groarrr!", so rufen große Bären,
wollen sich ganz gern beschweren:
wie ein Bär brummen und mit den Händen den großen Bären andeuten

„Wir haben Hunger wie ein Bär,
drum schnell mit unserm Essen her!"
mit den Füßen trampeln und mit den Händen auf den Tisch schlagen

„Wuuuu!", so heulen Wölfe im Wald,
„das Essen kommt doch sicher bald?"
wie ein Wolf heulen und mit den Händen einen Wolf andeuten

Sie reiben sich den Zottelbauch,
sich den Bauch reiben

„wir hätten gerne Speck und Lauch!"
trampeln und auf den Tisch schlagen

TIPP Welche Tiere fressen fürchterlich viel? Elefanten fressen an einem Tag Gräser, Blätter und Heu im Gewicht von etwa 200 kg – so viel wie zwei große, kräftige Männer wiegen. Von den 24 Stunden eines Tages gehen bei Elefanten darum auch etwa 17 Stunden fürs Fressen drauf. Denken sich die Kinder noch einen Trampelvers mit diesen Riesentieren aus?

Fünf kleine Vögelchen

EIN WACH-AUF-FINGERSPIEL VOR DEM TURNEN

ab 2 Jahren

Förderschwerpunkt Körper, Sinne & Gesundheit

Die Kinder sind müde oder haben noch keine Lust, sich zu bewegen? Dann geht es ihnen vielleicht wie den Vögelchen aus diesem Fingerspiel: Die halten nämlich noch ein Schläfchen auf ihrem Lieblingsast und vor allem dem kleinsten Vögelchen fällt es schwer, endlich aufzustehen.

Fünf kleine Vögelchen hocken ganz still,
weil keines sich wirklich regen will.

Hand mit den ausgestreckten Fingern zeigen

Das erste fliegt fort im Morgenwind,
das zweite folgt bald, geschwind, geschwind.
Das dritte hebt ab, winkt und ist fort,
das vierte fliegt auch zu 'nem anderen Ort.

zuerst den Daumen, dann die anderen Finger bis auf den kleinen Finger einklappen

Das fünfte, das schläft noch und schnarcht auch dazu:
„Vögelchen, auf jetzt, vorbei ist die Ruh!"

den kleinen Finger hochhalten

Es gähnt noch, das Fliegen fällt noch sehr schwer,
dann ist es weg und der Ast ist jetzt … leer.

den kleinen Finger auch noch einklappen

Knipp und schnipp

EIN FINGERSPIEL ZUM FINGERSCHNIPSEN

ab 5 Jahren

Förderschwerpunkt Feinmotorik

Mit den Fingern zu schnipsen ist gar nicht so einfach. Manche Menschen lernen es bis ins Erwachsenenalter nicht. Gerade älteren Kindern macht das Schnipsen aber Riesenspaß, wenn sie es können. Darum bekommen alle Fingerschnipser hier einen eigenen Reim:

Knipp und schnipp,
wer macht mit?
Schnippt mit Fingern,
wer ist fit?
bei „schnipp" und „schnippt" jeweils mit
den Fingern schnipsen

Wer nicht kommt zur rechten Zeit …

EIN FINGERSPIEL FÜR DIE MITTAGSZEIT

ab 3 Jahren

Förderschwerpunkt Soziale Kompetenzen

Vielleicht kennen Sie den Spruch „Wer nicht kommt zur rechten Zeit, der kriegt das, was übrig bleibt" noch aus Ihrer eigenen Kindheit? Hier ist er eingebettet in ein Fingerspiel, bei dem es ums Mittagessen geht und darum, ob man pünktlich aufräumt und zum Essen geht oder nicht.

Der erste Finger isst viel weg,
den Daumen zeigen
der zweite kommt auch aus seinem Versteck.
den Zeigefinger dazu ausstrecken
Der dritte haut rein und es schmeckt ihm so gut,
den Mittelfinger dazunehmen

der vierte isst schnell und mit großem Mut.
den Ringfinger mit ausstrecken

Der fünfte Finger ist nicht zu seh'n,
lässt Essen und Teller einfach stehen.
mit den vier Fingern wackeln

Da schlecken die andern den Teller leer,
die Bäuche sind voll und ganz schön schwer.
die vier Finger bewegen und dazu Essgeräusche machen

Da endlich kommt der kleine dazu:
„Wo ist denn mein Essen? Wie kommt das? Nanu?"
den fünften Finger mit ausstrecken

Den anderen Fingern tut es nicht leid,
es war ja schließlich Mittagszeit.
Denn wer nicht kommt zur rechten Zeit,
der kriegt das, was übrig bleibt.
die Finger nacheinander einklappen, dann die Faust hinter dem Rücken verstecken

TIPP Der kleine Finger tut den Kindern leid? Dann kann er ein Häppchen abbekommen, indem Sie diese Reime ergänzen:

Da lachen die anderen und trösten sehr fein,
dein Essen gehört doch dir ganz allein!
die vier anderen Finger zeigen

Da freut sich der kleinste und dankt allen sehr,
bald ist er pünktlich, das ist nicht so schwer.
den kleinen Finger zeigen und damit wackeln

Tschüss, bis bald, macht's gut!

EIN LÖWENSTARKES VERABSCHIEDUNGSSPIEL

ab 2 Jahren

Förderschwerpunkt Soziale Kompetenzen

Der Abschied aus der Kita fällt den Kindern manchmal schwer. Dann können Sie alle aufheitern und die Situation entschärfen, indem Sie dieses Katzenverabschiedungsspiel durchführen.

Mit euch war es heute schon wieder sehr schön,
doch jetzt ist es Zeit … nach Hause zu geh'n.

die Kinder den letzten Teil in Klammern raten und rufen lassen

Wir reichen uns noch mal die Tatzen,
schnurren, miauen wie Tiger und Katzen.

sich im Kreis die Hände reichen; wer möchte, kann dazu sein lautestes Tiger-, Löwen- oder Katzengebrüll hören lassen oder miauen

Morgen/Am Montag, da seh'n wir uns wieder, miau,
kommt mal gut heim, kein Murren, kein Stau!

rhythmisch zum Text mit den gefassten Händen wippen

Wir schlecken uns einmal über das Fell,
putzen uns sauber, ganz schnell, ganz schnell.

Hände loslassen, pantomimisch das Putzen einer Katze darstellen

Dann heißt es Tschüss, bis bald, macht's gut,
ihr Tiger und Löwen mit Kraft und mit Mut!

alle winken sich zu

Bibliografische Information der Deutschen Bibliothek
Die Deutsche Bibliothek verzeichnet diese Publikation in der Deutschen Nationalbibliografie; detaillierte bibliografische Daten sind im Internet über http://dnb.ddb.de abrufbar.

2. Auflage 2020

Texte: Lena Buchmann
Illustrationen: Rebecca Meyer
Druck und Bindung: DZS Grafik

ISBN 978-3-7806-5147-1